GABRIELLA BENNETT

LE LIVRE DU COORIE

[prononcer **KU-RI**]

ENTRE PAYSAGES SAUVAGES ET COIN DU FEU

F1RST
ÉDITIONS

Titre original : *The Art of Coorie – How to Live Happy the Scottish Way* publié par Black & White Publishing Ltd, Édimbourg.

ISBN : 978-2-412-04613-5
Dépôt légal : juin 2019
Imprimé en Espagne

Traduit de l'anglais (Grande-Bretagne) par Cyrille Rivallan
Correction : Elisabeth Boyer
Mise en page : Stéphane Angot

Éditions First, un département d'Édi8
12, avenue d'Italie
75013 Paris – France
Tél. : 01 44 16 09 00
Fax. : 01 44 16 09 01
firstinfo@efirst.com
www.editionsfirst.fr

COORIE [ku-ri]

Nom (indénombrable).

1. Le chic qu'ont les Écossais pour trouver confort, énergie et bien-être dans des paysages à couper le souffle et des intérieurs chaleureux.

2. Un mot qui vous serre dans ses bras.

FAMILIER : tendre câlin dans les bras d'un être cher.

VOIR AUSSI : du vieux gaélique *còsagach*, « douillet ou confortable ».

TURQUOISE
VERT N° 6
VERT D'AUTOM
CHOCOLAT
ÉBÈNE
LICHEN
ORANGE FONCÉ
JAUNE PÂLE
OR

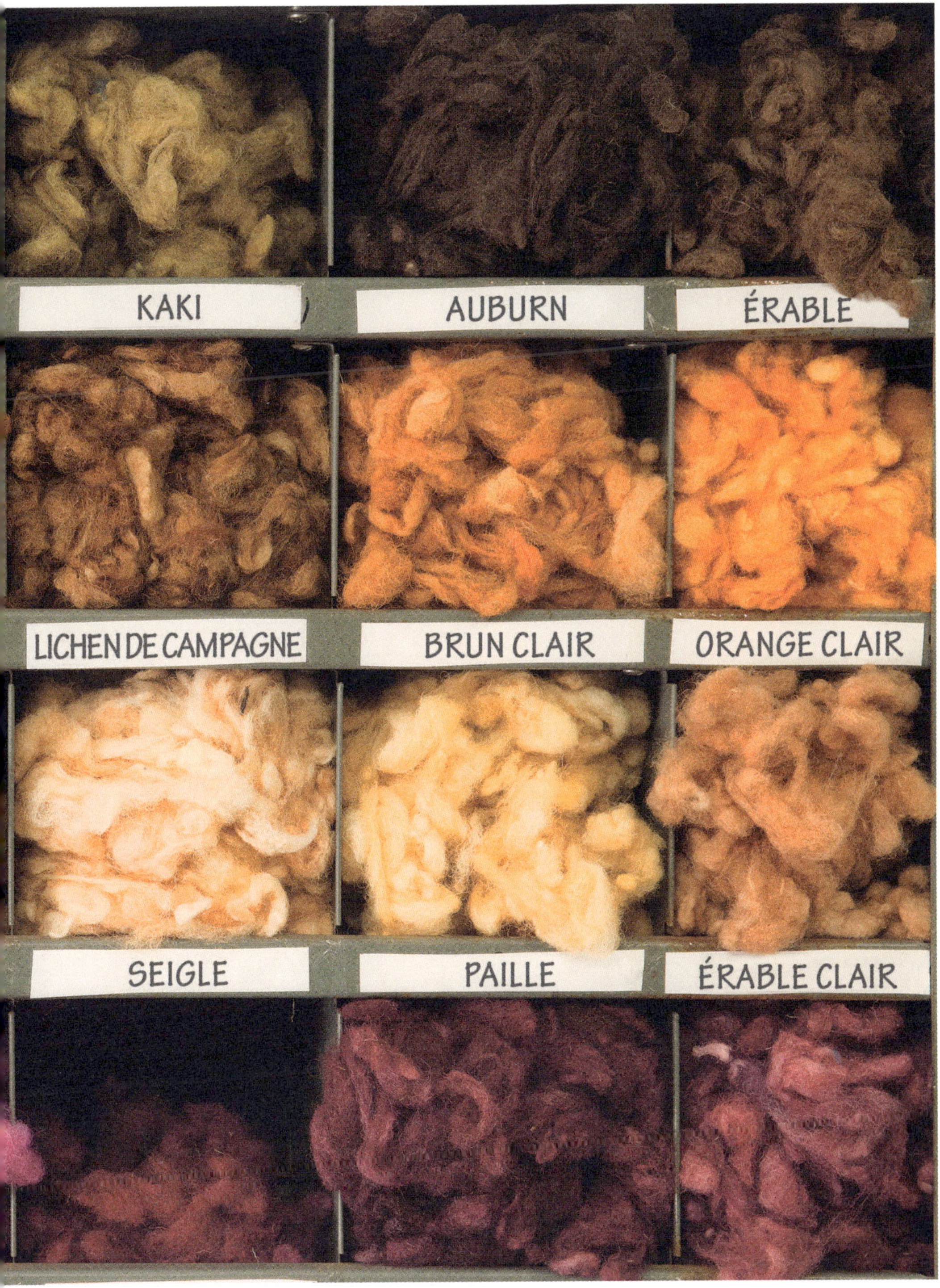
KAKI
AUBURN
ÉRABLE
LICHEN DE CAMPAGNE
BRUN CLAIR
ORANGE CLAIR
SEIGLE
PAILLE
ÉRABLE CLAIR

SOMMAIRE

1 COLBOST

INTRODUCTION

Le mot **coorie** *est depuis longtemps synonyme de tendre câlin dans les bras d'un être cher. Mais s'il s'est imposé dans le langage courant, c'est pour évoquer une scène bien précise. En Écosse, on sait qu'on est en bonne compagnie quand des amis ou des proches vous font une petite place sur le canapé et qu'ils vous invitent à « venir faire coorie ». Blotti entre eux, vous vous sentez peut-être un peu à l'étroit, mais au moins, vous vous sentez bien. Tout aussi chaleureuse que réconfortante, on peut visualiser une pièce très agréable, éclairée par des flammes virevoltantes. C'est dans cet endroit précis que l'on va aller se réfugier lorsque la pluie tombe dru et que soufflent des vents mauvais.*

Si l'art du coorie ne date pas d'hier, vouloir condenser en un seul mot la nature profonde des Écossais s'est toujours avéré une entreprise périlleuse. Mais nous sommes enfin en mesure d'associer le mot et le concept pour pouvoir en tirer un art de vivre absolument divin.

J'ai fini par associer le mot *coorie* à la gentillesse et la convivialité des habitants de Glasgow. Je suis née sur la côte sud de l'Angleterre, et même si j'ai grandi à Fife, c'est à Glasgow que j'ai entendu ce mot pour la première fois. D'abord dans la bouche de mes amis, puis, sous sa nouvelle incarnation, dans le cadre de mon travail de journaliste de la rubrique art de vivre.

C'est au cours de mes discussions avec des décorateurs d'intérieur que j'ai commencé à entendre le mot *coorie* pour décrire les maisons écossaises avec des poêles à bois et des canapés recouverts de peaux de mouton où les gens ont envie de se retrouver. Quand j'ai commencé à employer ce terme sous sa nouvelle acceptation auprès des designers et fabricants de textiles écossais, ils étaient ravis, et même enthousiastes. Ils m'ont raconté que cela faisait longtemps qu'ils cherchaient un mot qui pourrait qualifier leur travail. Un mot qui exprimerait à la fois la tradition écossaise et une touche de modernité. Ils m'ont dit qu'ils pourraient se servir du mot *coorie* pour illustrer leur créativité.

Bien vite, il est devenu évident que *coorie* recouvrait un mode de vie bien plus vaste. On peut appliquer cette idée à presque tous les aspects de la vie : depuis l'achat de vêtements réinventant les tissus écossais traditionnels jusqu'aux aliments cultivés dans la région des Borders, en passant par l'exploration de recoins cachés et les aventures tonifiantes en plein air.

La dimension écossaise de ces objets et de ces expériences peut tout aussi bien sauter aux yeux que se faire discrète. Il suffit de leur faire une petite place dans nos vies pour mieux comprendre ses origines et son destin. Et puis, on peut s'entourer de jolies choses grâce au coorie : du fait main, des trésors de la nature ou bien des objets créés par le collectif grandissant des créateurs écossais.

LE COORIE PARFAIT

La scène coorie parfaite est censée illustrer l'équilibre entre le dehors et le dedans. Songez à une journée de randonnée dans un *munro*[1] ou passée à nager dans un *loch*[2]. Juste après, vous rentrez vous faire une assiette à soupe d'un bon plat chaud et nourrissant en attendant de vous sécher près d'une source de chaleur avec un chien à vos côtés. N'oubliez pas la touche de parfum : une légère odeur de lanoline qui s'est accrochée aux couvertures en laine, la cannelle qui se dissout dans le porridge en train de mijoter sur le feu, l'air glacial qui

1. Un *munro* désigne un sommet d'Écosse haut de plus de 3 000 pieds, soit un peu plus de 900 m.
2. Un *loch* est un lac situé au fond d'une vallée écossaise.

AFS

vous saisit un petit matin d'hiver. Mieux encore : vous vous passez vos albums préférés pendant un *roadtrip* dans la région bosselée des Highlands, dans le nord-ouest du pays. Plus vous ajouterez d'ingrédients du pays au mélange, plus la vie sera coorie.

Ce qui a facilité la vie du coorie, c'est son joli nom. Dérivé du vieil écossais, le son, la forme et l'aspect du mot *coorie* sont tous trois apaisants : il est doux en bouche et facile à prononcer, pour les anglophones natifs comme pour les étrangers.

Les experts sont aussi de cet avis. Pour James Robertson, l'écrivain de langue écossaise, *coorie* a la même origine que le mot *cower* (« se recroqueviller »), et on peut remonter son étymologie au mot *kura* du vieil islandais.

Toutefois, sous sa forme allongée, *coorie* ou « courie » impliquait traditionnellement l'activité. Robertson ajoute qu'« une personne de grande taille pourrait tout à fait *coorie doon*[1] afin de pouvoir passer sous une porte basse, ou un village pourrait *coorie in* à l'abri d'une colline.

C'est dans le sens de "se pelotonner" ou de "se recroqueviller", dans quelque chose ou quelqu'un, que l'on utilise *coorie* aujourd'hui — généralement suivi de *in* ou de *doon* en anglais. »

Robertson pense également que, en hiver, il n'y a pas de mot plus approprié que *coorie* pour évoquer la notion de refuge : « Quand il fait froid et humide, qu'il y a du vent et que la nuit est tombée, il n'y a rien de tel que de faire coorie au coin du feu. »

LES REGARDS SE TOURNENT VERS LE NORD

La nouvelle définition de *coorie* a vite eu du succès. Fin 2017, quand ce mot commençait à s'imposer auprès du grand public, l'office de tourisme écossais VisitScotland a annoncé ses prévisions de voyages pour l'année suivante. Elle pronostiquait que *còsagach* (un mot de la même veine que *coorie*) serait tendance. On peut traduire vaguement ce mot d'origine gaélique par « douillet ». VisitScotland encourageait les visiteurs séjournant dans les chalets

1. C'est-à-dire « se recroqueviller » ou « se mettre en boule ».

des Highlands à se mettre à l'aise devant un feu qui crépite avec un bon livre, un grog chaud et de bons amis.

Aux yeux de certains, cette idée se rapprochait un peu trop des modes de vie exportés depuis quelques années par nos cousins nordiques. Le *hygge* et le *lagom*, les arts de vivre danois et suédois, comptent parmi les concepts les plus vendeurs d'Europe du Nord, même si on ne sait pas trop comment il faut prononcer ces mots.

Ces mouvements ont posé les bases pour qu'une tendance similaire émerge en Écosse, mais le coorie manifeste sa singularité par rapport à eux. Là où le *hygge* va trouver le bonheur dans les bougies, le café et le vivre-ensemble, le coorie vise de son côté à tirer le meilleur parti de ce que l'Écosse peut offrir pour atteindre un sentiment de plénitude. Le *lagom* est quant à lui l'art de parvenir à l'équilibre entre frugalité et équité pour mener une existence sereine. Pour sa part, le coorie va tenir compte du soin que l'on prend de la nature et se soucier de nos portefeuilles, mais il n'interdit pas quelques expériences exceptionnelles de temps à autre.

Ce qu'il convient de remarquer sur ces deux façons d'aborder l'art de vivre des Scandinaves, c'est qu'aucune ne s'appuie sur ce que l'on peut trouver en creusant la terre. Le coorie, c'est être cosy, mais il ne se résume pas à cela. Évidemment, les deux sont liés, mais ce qui est le plus important, c'est qu'il se préoccupe davantage d'être en harmonie avec son environnement pour provoquer cette sensation.

Le nouveau coorie illustre un mode de vie où le calme provient d'un engagement avec notre héritage, que cela se fasse à petite ou grande échelle. La vie est parfois rude dans les endroits le plus reculés du pays mais, dans le *Livre du coorie*, on va vous raconter comment ces conditions extrêmes ont pu faire surgir l'ingéniosité.

DIS-MOI CE QUE TU ACHÈTES, JE TE DIRAI QUI TU ES

Mes recherches m'ont conduite aux avant-postes les plus reculés d'Écosse, puis au cœur du pays pour trouver les gens qui vivent coorie, les gens qui respirent coorie. Des designers textiles embauchés par des domaines historiques pour mettre les tweeds[1] de certains clans au goût du jour m'ont raconté comment ils envisageaient leur métier ; une vision dans laquelle on retrouve des références du monde entier, mais qui reste fidèle à une philosophie profondément écossaise. De jeunes chefs qui ont abandonné leur carrière au Danemark au profit d'un studio culinaire innovant à Édimbourg m'ont montré comment ils avaient composé les plats qu'ils servaient à partir de la terre qui les entourait. Ils illustrent ce que le coorie a de plus recommandable au sens large.

De toute évidence, les consommateurs en quête d'une vie plus riche de sens cherchent à retrouver de l'allant en Écosse, en partie à cause de l'histoire captivante qui accompagne les produits, mais aussi grâce à la qualité de ces derniers. La demande pour des articles sur mesure, dont la création prend du temps et qui exigent des compétences particulières, n'avait pas été aussi forte depuis l'époque où l'on fabriquait tous les vêtements et tous les meubles à la main. Aujourd'hui, en Écosse, revenir aux « biens lents » est dans l'air du temps et remplace le consumérisme effréné des années 1990 et 2000.

1. Le tweed est un tissu en laine de deux couleurs ou plus qui va notamment servir à faire des vêtements.

Toutefois, il faut l'avouer, l'art de vivre coorie n'a rien de nouveau. Cela fait des siècles que les Écossais ont la réputation de ne jamais être à court de ressources. Avant d'inventer le téléphone, Alexander Graham Bell avait créé un appareil destiné à la ferme familiale : cet appareil décortiquait le blé grâce à une série de brosses à ongles. C'est parce qu'il savait faire preuve d'originalité pour aborder les problèmes que Bell a pu, en composant avec la logistique nécessaire, diriger sa petite affaire depuis une île écossaise reculée. Cela lui a permis de trouver une solution qui lui permettait de mener une vie plus simple et plus riche de sens, c'est-à-dire précisément ce que le coorie incarne.

Le coorie tient également compte des défis singuliers posés par la vie en Écosse : plutôt que de laisser la météo ou la géographie marquer le cours de nos vies de leurs empreintes négatives, le coorie va tirer parti de ces épreuves.

L'AUBERGE THREE CHIMNEYS, SKYE

Il y a trente ans, quand Shirley Spear et son mari Eddie ont ouvert leur restaurant sur l'île de Skye, ils ne pouvaient guère se servir que de ce qui les entourait. À cette époque-là, il n'y avait pas de pont reliant l'île à la terre ferme, et il leur a fallu faire preuve de beaucoup de motivation pour dénicher les ressources nécessaires qui leur permettraient de remettre en état un modeste cottage afin d'en faire un établissement magnifique.

Grâce à une belle imagination et une bonne dose d'esprit d'entreprise, le Three Chimneys est désormais considéré comme l'une des meilleures auberges d'Écosse. Son succès repose sur deux idées centrales : le voisinage et la simplicité.

Il se trouve justement que *coorie* est l'un des mots favoris de Shirley :

« Le mot *coorie*, ou *coorie doon*, signifie bien plus que *còsagach* à mes yeux d'Écossaise, dit-elle. C'est un mot que j'associe aux câlins ou au pelotonnement, et il veut aussi dire "se mettre à croupetons" ou "se pencher", ce qui a à voir avec "se mettre à plat ventre" — ce qu'il m'est de plus en plus difficile de faire, désormais ! Il y a une jolie chanson d'antan — une berceuse qui dit "*coorie doon my deeri*" ("pelotonne-toi mon chéri"). En plus, je n'ai toujours pas compris comment j'étais censée prononcer *còsagach*. »

IL NE FAUT JAMAIS S'EN TENIR AUX CHIFFRES

Pas besoin d'être riche pour être coorie. C'est même plutôt l'inverse, la plupart du temps. Les activités des classes très aisées collent rarement au concept — on a du mal à imaginer comment caser du coorie dans une soirée à l'opéra, sauf à apporter une cuillère en pin d'Écosse taillée au couteau pour remuer son cocktail à l'entracte.

Ceci étant dit, il y a un tas d'endroits chic qui illustrent très joliment le coorie. Ce qu'ils proposent reflète l'environnement écossais et ils attirent les voyageurs du monde entier. Il n'y a pas de honte à compenser ce luxe occasionnel avec la dimension économique du coorie.

LE SUMMUM DU COSY ?

Chercher à convaincre tout le monde de suivre la tendance peut s'avérer délicat. Certains reprochent ainsi au coorie d'encourager des dépenses superflues et soulignent que la planète a déjà atteint le « summum du cosy ».

Voici comment je vois les choses. Chaque année, nous avons presque tous une certaine somme allouée à nos dépenses. Ce n'est certes pas en valorisant des moyens de vivre mieux que l'on va résoudre le problème du dérèglement climatique ou compenser les effets des coupes budgétaires du gouvernement, mais ils peuvent tout de même améliorer notre qualité de vie — et celles des autres.

Quant au mépris envers la brigade du confort, présentez-moi un homme portant un pull Fair Isle (voir p. 167) qui ne soit pas heureux de vivre et je vous présenterai un bel hypocrite bien au chaud ! Tant que les gens devront subir de longs hivers, ils chercheront des moyens de supporter ce climat hostile, surtout s'ils peuvent y parvenir grâce à un passe-temps créatif tel que le tricot.

Le coorie et les dépenses superflues sont deux choses totalement différentes. Loin de moi l'idée de vous faire vider votre porte-monnaie dans l'attente de la prochaine tendance qui vous incitera à recommencer. Le coorie optimise le temps et l'argent dont vous disposez avec des idées innovantes. Si l'Écosse est surtout connue pour son whisky, son motif de tissu et ses biscuits shortbread[1],

1. Biscuits sablés originaires d'Écosse.

FIRELIGHTERS

il est temps de lever le voile sur de nouveaux talents et d'ajouter à cette liste la poterie, les baskets et le pain au levain.

Avec un peu de chance, vous trouverez dans ce livre des objets que vous songiez déjà à acheter. Des recettes qui vont donner une seconde vie à des ingrédients familiers. Des recommandations pour aller manger dans des lieux qui ne se trouvaient pas forcément sur votre écran radar. Des endroits où partir en vacances.

LE COORIE POUR TOUS

Le coorie est une nouveauté déjà familière, une nouvelle version d'un vieux mot chantant les vertus de choses connues depuis toujours. Plutôt que de passer tout Internet au peigne fin pour dénicher des fabricants de marque-pages, d'ingrédients et de voyages, *Le Livre du coorie* a soigneusement rassemblé tout ce dont vous pourriez avoir besoin en 17 chapitres.

Le coorie a peut-être commencé sa vie en Écosse, mais c'est une philosophie que l'on peut tous adopter. Pas besoin d'être montagnard chevronné ou décorateur d'intérieur en herbe pour saisir l'idée. Qui se soucie que votre penderie soit bordélique ou que votre maison ne ressemble pas à celles des magazines imprimés sur papier glacé ? Ce n'est pas le cas de la mienne non plus…

ET ENSUITE ?

Vous trouverez dans ces pages des réflexions sur la notion d'identité. Et des astuces pour tous les budgets et tous les centres d'intérêt. Il n'y a qu'à traverser la rue pour trouver la clef d'une vie coorie. Alors, tenez-vous prêt à plonger !

CHAPITRE 1

LES DÉFIS DU COORIE

Dans le Royal Mile, l'artère principale d'Édimbourg, on repère les touristes à cent mètres : ils ne quittent pas leurs écharpes en tricot et portent en toutes saisons des doudounes et des bonnets en laine. Quand le vent siffle dans les rues de la New Town, datant de l'époque géorgienne, leurs visages stoïques témoignent de l'effort qu'ils fournissent pour feindre d'ignorer sa morsure.

Mais le climat d'Écosse est-il vraiment inhospitalier ? Glasgow est parfois des plus lugubres, la bruine et la brume venant brouiller les silhouettes des édifices sur la ligne d'horizon. Des vents cruels soufflent sur la côte est et viennent éroder les arêtes coupantes des cottages de pêcheurs.

Durant les mois d'hiver, on peut avoir l'impression que le pays saisit toutes les occasions d'être paralysé. Le moindre flocon de neige provoque le chaos sur les routes, dans les chemins de fer et les voies aériennes. Une application permet de suivre toute la flotte de camions de sablage de la société Transport Scotland : les camions y ont tous leur propre identité. Si vous vivez dans le comté d'Ayrshire, vous pouvez croiser Luke Snowwalker (« Luke Neigewalker ») au bout de votre rue. Sir Salter Scott et Sir Andy Flurry (« Scott Lesaleur et Andy Larafale ») sont les doyens de l'équipage.

PARLONS FRANCHEMENT

Après tout, nous vivons peut-être dans une contrée plus sauvage que nous ne voulons bien l'admettre. Les Écossais ont tendance à être increvables. C'est un peu comme si l'évolution avait fini par nous faire supporter la nature hostile de notre pays. Et nous avons réussi à trouver comment en faire une force. C'est par pure nécessité que nos maisons offrent des moyens intelligents de maintenir le dehors à l'extérieur et de garder la chaleur à l'intérieur. Les plus vieilles maisons-tours ont des fentes en guise de fenêtres, tout autant pour se défendre que pour protéger leurs habitants des éléments naturels. Les problèmes ne peuvent qu'engendrer des solutions, et parfois même de la beauté. Les ancêtres ont pensé à installer des cheminées ouvertes pour chauffer leurs maisons, puis ont travaillé à les rendre agréables à l'œil. Les cheminées habillées de bois finement sculpté et les foyers en pierre élaborés évoquant le folklore écossais ont suivi.

On a peu de preuves tangibles que les Écossais passent plus de temps à l'intérieur que les habitants des autres pays, mais la théorie n'est pas dénuée de sens. Après tout, nous aimons aller au pub ou au restaurant, histoire de nous retrouver entre amis, en attendant que les intempéries marquent une pause. Les maisons deviennent une extension naturelle de ces espaces conviviaux : elles sont chaleureuses et ouvertes aux invités. Passer autant de temps à l'intérieur avec ses proches, et pourquoi pas en savourant un verre d'alcool, encourage les conversations, les disputes et les réconciliations.

LA TRANSFORMATION DES MAISONS

Certaines études laissent entendre que les Écossais consacrent moins d'argent à la décoration intérieure que les autres habitants du Royaume-Uni. En fait, les plus grosses dépenses portent sur la rénovation des maisons ou la reconversion d'espaces en habitations plutôt que sur l'achat d'un nouveau bien. Pour les experts immobiliers, ce phénomène — récent – s'explique par l'augmentation des impôts sur les transactions de terres et de bâtiments : un prélèvement échelonné pour les biens d'une valeur supérieure à 165 000 euros. À Édimbourg et Glasgow, les services de l'urbanisme ont vu le nombre de dossiers pour changement d'usage grimper en flèche ces derniers temps. Le plus souvent, il s'agit de transformer des propriétés commerciales en résidences privées ou d'agrandir des maisons existantes.

Plutôt que de déménager et de courir ainsi le risque de payer des impôts supplémentaires, les propriétaires semblent préférer garnir les poches des architectes écossais. Au lieu d'envisager la politique de la propriété immobilière et la construction de maisons comme un problème, les Écossais choisissent donc d'en faire une opportunité. Ce changement de mode de pensée peut aider à vivre plus confortablement, à être plus à l'écoute de ses besoins et à soutenir les artisans locaux. Les Écossais continuent de dépenser leurs revenus, mais ils le font autrement, en privilégiant certains aspects de leur vie. Au passage, cela contredit le cliché de l'Écossais radin : toujours le dernier à payer sa tournée, toujours le premier à sortir sa calculatrice pour que chacun paye ce qu'il a consommé au lieu de diviser la note entre toutes les personnes présentes.

LA RENAISSANCE DES ORIGINES

Les études compilées par la chaîne hôtelière Travelodge ont montré que les voyages des Britanniques à l'étranger ont baissé de 18 % dans les années qui ont suivi la crise économique de 2008. Elles indiquent également que, sur la même période, le nombre de Britanniques optant pour des vacances à la maison a augmenté de 6 %, ce qui suggère que, en période d'incertitude économique, les gens recherchent des plaisirs réconfortants, familiers. Dans le même temps, il y a tous ces objets indispensables qu'on nous encourage à désirer : les bijoux, les vêtements, la technologie, les voitures. À force de vouloir les posséder, on en finit par oublier les raisons qui nous poussent à acheter : pour nous sentir plus heureux, souffler davantage de pauses et nous simplifier la vie.

Or, ce sont précisément ces idées qui sont à la base du mouvement coorie. Les gens qui pratiquent le coorie se tiennent à distance du consumérisme effréné et préfèrent choisir des produits qui ont du sens. Certains sociologues affirment que, si l'on fournit à une population les informations dont elle a besoin pour prendre des décisions visant à mener une existence plus riche de sens, on a remporté la moitié de la bataille. Dans ce cas précis, il est difficile de nier l'influence de l'évolution politique. On voit clairement que le référendum sur l'indépendance[1] a revitalisé l'Écosse et a incité les Écossais à s'informer pour se forger des opinions construites. Certains prétendent que le référendum a divisé le pays, mais il a aussi amorcé une prise de conscience collective.

L'esprit des Écossais s'est réveillé. Ils veulent choisir ce qu'ils mettent dans leurs assiettes et l'endroit où ils vivent. Ils veulent mieux que ce qu'ils ont.

L'ÉCOSSE ET L'ART

Beaucoup d'artistes célèbres sont nés en Écosse. Glasgow abrite ainsi plus de lauréats sélectionnés pour le prix Turner[2] que n'importe quel autre lieu du Royaume-Uni. Dans chaque ville et dans chaque village, les poètes ne manquent pas. Et les concepteurs écossais de jeux vidéo ont exporté leurs idées jusque dans des pays très éloignés.

1. En septembre 2014, les Écossais ont voté massivement pour se prononcer pour ou contre l'indépendance de l'Écosse. Le « non » a fini par l'emporter après un débat politique très intense.
2. Le prix Turner, remis par le musée Tate Britain depuis 1984, est décerné chaque année à un artiste contemporain de moins de cinquante ans, la plupart du temps du Royaume-Uni.

Roberts

Dundee — jadis considérée comme la sœur pauvre de Glasgow et d'Édimbourg — abrite l'antenne écossaise du Victoria & Albert Museum (musée des Arts décoratifs) de Londres. Sa forme géométrique habillée de pierre brute évoque une épave de bateau échouée sur les rives de la Tay, mais Philip Long, le conservateur du musée, est persuadé que sa place dans l'histoire de Dundee ne se limite pas à une question esthétique.

« Après des décennies d'années difficiles et de temps incertains, Dundee est une ville en pleine métamorphose, déclarait Philip Long à l'*Architects' Journal*. L'Écosse a une tradition extrêmement riche en matière de design et continue de montrer la voie avec des innovations créatives et stimulantes. Il y a beaucoup de designers et de fabricants qui créent avec soin et inspiration des produits, des services et des innovations qui changent la vie. »

Joanna Norman, qui dirige l'institut de recherche du Victoria & Albert Musem, partage cet avis : « L'influence du design écossais ne se limite pas à un seul pays. On peut la ressentir dans le monde entier, ajoute-t-elle. Je pense que ceux qui viennent en visite vont être surpris et vont vouloir en savoir plus sur l'impact qu'a, et l'impact que continue d'avoir, ce pays relativement petit sur le monde du design. »

LE DÉPLACEMENT DES FORMES

Il semble que le monde commence à remarquer les réussites écossaises les plus récentes. Ce qui soulève une nouvelle question : qu'est-ce qui pousse les gens vivant dans un petit pays, dans une période marquée par l'austérité, à produire des œuvres aussi incroyables ? Il est possible de trouver une réponse en prenant en compte le cadre général où tout ce travail de création est accompli.

Quand on écoute de la musique, on n'écoute pas simplement les bruits qu'un interprète a décidé de nous faire entendre. Ce que l'on entend vraiment, c'est la vie du son dans l'espace que l'on occupe et où il a été capté. Les musiciens du Bookshop Band comptaient parmi les premiers locataires de l'unique résidence de vacances installée dans une librairie[1]. Les membres du groupe, qui écrivent des chansons inspirées par des livres, ont enregistré un disque durant leur séjour à l'Open Book à Wigtown, dans le sud de l'Écosse. Ils ont ainsi rivalisé avec des

1. On peut gérer cette librairie si l'on loue l'appartement du premier étage *via* la plateforme Airbnb.

livres sur les oiseaux sauvages et l'archéologie. Les auditeurs entendent le son que rend la boutique autant que les instruments et les voix.

On peut appliquer la même idée à l'art. Sur un portrait, le personnage n'aura pas les mêmes traits en fonction de l'endroit où il est placé et de la lumière qu'il reçoit. Au début de sa carrière, John Lowrie Morrison — connu sous le nom de Jolomo — fumait le cigare pour repousser les insectes voraces tandis qu'il peignait des paysages dans la région d'Argyll, dans l'ouest de l'Écosse. Vaincu par leurs piqûres, il a été contraint de peindre en intérieur — et il dit que c'est ce qui a parachevé son œuvre. L'espace qui nous entoure définit bien plus nos vies qu'on ne le pense. C'est ainsi que se déploie la nature écossaise.

Imposez des contraintes à des gens qui ont des idées et leur désir de créer prospérera.

TRIOMPHER DE L'ADVERSITÉ À LA MODE COORIE

Se procurer les matériaux nécessaires pour s'adonner à leur art peut s'avérer difficile pour les fabricants. Les citadins écossais sont plus connectés que jamais, mais les habitants d'une grande partie du pays continuent d'être lésés par les supermarchés, les détaillants et les fournisseurs qui imposent des surtaxes dissuasives à la livraison de biens et à l'introduction de certains services, au prétexte que ces personnes vivent dans des zones reculées.

Contester aurait été inutile, il valait mieux répliquer autrement. Ce que les gens ont fait.
Sur un archipel formé de plus de cent îles entre l'Océan atlantique et la mer du Nord, les habitants des Shetlands se sont débrouillés pour créer ce dont ils avaient besoin en se servant de ce qu'ils avaient à disposition. Jadis, les insulaires tissaient des *taatits* — des carpettes robustes tenant également lieu de couvertures — et les pulls Fair Isle avec la laine des moutons de l'île. Leur histoire a donné envie à des tisseurs étrangers de s'installer sur le sol des Shetlands pour perpétuer la tradition. Les maisons de haute couture des quatre coins du globe s'en sont inspirées et ont tourné leur attention vers l'archipel le plus au nord de l'Écosse.

Les gourmands du monde entier parcourent l'Écosse en quête des ingrédients qui garnissaient jadis les bols servis aux paysans en guise de repas. Ils dînent de

plats truffés d'algues, d'aiguilles de pin et de farine de pois. Cela vient démentir l'idée reçue que l'Écosse est une nation d'adorateurs de barres chocolatées frites.

Le coorie, ce n'est pas simplement une touche de déco. Chaque fois que les circonstances étaient difficiles, les Écossais n'ont pas ménagé leurs efforts. Ils ont aussi sollicité l'aide de leurs voisins. Le résultat de ces collaborations, c'est un pays plus grand que la somme de ses parties, un cottage au milieu de l'orage qui va offrir un refuge grâce à des idées partagées et un hommage rendu au passé. Tout ce que vous avez à faire, c'est frapper à la porte.

Le coorie est une manière d'être qui intègre notre environnement.

CHAPITRE 2

LES 7 COMMANDEMENTS DU COORIE

1. L'HISTOIRE DE L'ÉCOSSE TU RESPECTERAS. MAIS UNE CARICATURE TU NE SERAS

Le tartan ? Bien sûr ! La boîte de biscuits shortbread ? Absolument. Mais on apprécie mieux les traditions lorsqu'elles ont préservé leur fraîcheur. Alors, plutôt que de perpétuer les stéréotypes écossais jusqu'à la corde, le mouvement coorie fait progresser les plus vieux rituels.

Les personnes les plus coories donnent une seconde vie aux idées du passé et on peut leur embrayer le pas grâce à l'art, l'artisanat, l'alimentation et l'habitat. Elles savent qu'il ne s'agit pas d'être écossais avant toute chose. Beaucoup choisissent de s'identifier d'abord par leur créativité, et seulement après en tant qu'Écossais, parce que le fil de leur nationalité n'est pas le seul qu'ils vont tisser dans leur histoire.

Ainsi, les designers poursuivent la production de tweed et de tartan, mais empruntent de nouvelles voies audacieuses. À l'origine, les Écossais se servaient de ces tissus pour créer des vêtements qui allaient procurer un revenu aux communautés reculées. Ils sont désormais rajeunis de façon à enraciner l'Écosse dans le contexte de la mode mondiale.

2. LE FROID TU NE CRAINDRAS

Peu de gens le savent, mais tous les Écossais sont nés avec un radiateur intégré qui les aide à passer l'hiver. On appelle cela une flasque, et ils n'ont pas peur de la remplir.

L'autre solution, c'est de multiplier les épaisseurs. Il y a tant d'activités coories qui se déroulent à l'extérieur ! Pour randonner, il vous faut un cœur et une constitution en béton armé ; pour explorer les bois en vue de faire des trouvailles artisanales, il vous faut de solides chaussures — et même pour skier dans le parc national des Cairngorms, il vous faudra faire preuve de patience. Toutes ces activités donnent l'occasion de se vider la tête et d'apprendre à mieux connaître le pays de l'intérieur.

Nager dans les lochs écossais a le vent en poupe. Des événements tels que le Great Scottish Swim[1] ont vu leur cote de popularité s'envoler et le nombre d'adhérents des clubs de natation en eaux libres atteint désormais un niveau record. Pour les nageurs, la beauté de cette pratique repose sur le caractère tonifiant d'un plongeon dans l'eau glacée, face au paysage le plus idyllique d'Écosse. Personne n'a promis des températures dignes des Seychelles ou des mers bleu turquoise, mais ce qui attire les adeptes de cette activité, c'est l'idée de tester ses limites. Nager dans les lochs en compagnie de telles personnalités vous garantit d'être en sécurité dans les endroits les plus isolés, mais elle peut aussi vous procurer un compagnon de bain qui saura vous motiver à franchir le choc initial quand on entre dans une eau qui vous glace jusqu'aux os.

1. Fin août, cet événement organisé au profit d'organisations caritatives fait s'affronter des milliers de nageurs pour des courses qui se déroulent dans le loch Lomond.

3. L'ESPRIT ÉCOSSAIS TU ADOPTERAS (AUSSI SOUVENT QUE POSSIBLE)

Diriger un petit commerce est plus difficile que jamais. Le confort du commerce en ligne, couplé à la « mort de la rue principale » (y a-t-il un titre de presse dont on a davantage abusé que celui-là ?), a détourné les gens de rechercher des magasins indépendants où acheter des cadeaux et faire ses provisions.

Mais lorsque les entreprises locales se portent bien, cela finit toujours par se savoir. On s'est rendu compte qu'un centre-ville prospère rempli de boutiques indépendantes faisait monter significativement le prix de l'immobilier. La fonction sociale joue aussi un rôle vital : les librairies, les cafés et les restaurants qui accueillent toutes sortes d'événements offrent un espace précieux à toutes sortes de profils sociologiques.

La journaliste gastronomique Ruby Tandoh explore les joies des boutiques de quartier, qu'elle décrit comme des « temples du technicolor », avec leurs rangées de friandises en boîte, les pots de bonbons à l'ancienne et les emballages criards.

L'une de mes boutiques préférées, découverte quand je vivais à Glasgow, est une épicerie jaune vif dans le quartier de St George's Cross. Le commerçant qui la tient trouve le moyen de caser une blague navrante à chaque transaction. Chaque fois que je me retrouvais sous les lumières phosphorescentes de ses frigos rétroéclairés pour choisir une canette de soda aux fruits, je savais que ma gueule de bois était déjà en train de disparaître.

L'argent que l'on dépense dans les petits commerces aide les gens du cru et leurs familles. Il ne s'agit pas d'éliminer les gros détaillants — idée tout à fait irréaliste –, mais plutôt de procéder à de petites améliorations chaque fois que c'est possible, avec l'espoir que les petits ruisseaux finissent par faire de grandes rivières.

4. LE STAYCATION[1] TU TENTERAS, MÊME SI LE MOT TE SORT PAR LES YEUX

Le monde se divise en deux types de personnes : celles qui font du camping, et celles qui n'en font pas. La première catégorie n'a pas besoin qu'on l'encourage beaucoup pour préparer son sac de couchage et son matériel de camping, et partir en pleine campagne. La deuxième catégorie, dont je fais partie, pourrait bien tirer profit de la motivation de certaines idées de camping coorie (voir p. 107).

La réforme foncière[2] votée en 2003 a été fermement adoptée par les campeurs responsables. Ceux qui vagabondent librement et qui nettoient après leur passage peuvent planter leur tente où bon leur semble, tant qu'ils se montrent respectueux de l'environnement. Cette liberté d'errer se prête aussi très bien au mouvement coorie. Braver la fraîcheur de la nuit autour d'un feu avec un pote poilu à ses pieds et une tasse de chocolat chaud dans les mains, après une journée de dur labeur pour créer un camping coorie, c'est une expérience unique en son genre.

Les Écossais privilégient les escapades dans de jolis endroits près de chez eux plutôt que les longs voyages au bout du monde. Mais ces courts séjours sont

---

1. *Staycation* est un mot-valise qui réunit et contracte les mots *stay* (« rester ») et *vacation* (« vacances »). Il qualifie donc les vacances que l'on passe chez soi.
2. La Loi sur la réforme foncière votée par le Parlement écossais en 2003 accorde notamment un droit d'accès du public à la terre.

l'occasion de se réserver du temps et de l'argent pour des voyages plus longs à l'étranger. Pour une grande famille, un séjour en caravane dans les Highlands s'avère une idée plus réaliste que partir tous ensemble crapahuter à l'étranger. Et le temps passé à tisser des liens entre grands-parents et enfants va aussi donner aux parents l'occasion d'aller savourer un verre de gin sur les rives de la Tay avant le coucher du soleil.

Le coorie, c'est se sentir bienvenu, au chaud. Pour lire un livre ensemble ou raconter des histoires. Avec un feu allumé pour le même prix.

5. DE LA MUSIQUE POUR PLANTER LE DÉCOR TU METTRAS

Vous avez déjà commencé un long trajet en voiture et réalisé que vous aviez oublié de vous préparer une playlist ? Moi oui. Sans vouloir dire du mal de Simple Minds, on ne peut passer leur compile dans un espace confiné qu'un petit nombre de fois avant de déclencher une guerre civile.

Il n'y a pas que pour les *roadtrips* qu'on a besoin d'une playlist décente. Notre manière de consommer la musique a radicalement changé avec le temps. Chez mes grands-parents, le dîner se déroulait en silence. Chez mes parents, on dînait avec la radio allumée. Et chez mes amis, on écoute quelque chose de bien plus personnel : une playlist concoctée spécialement pour l'occasion avec des chansons qui vont évoquer des souvenirs partagés.

On ne peut pas attaquer le dîner tant qu'on n'entend pas la musique appropriée. Et tant pis si cela signifie tenir fourchette et couteau en main et saliver en humant l'odeur du dîner jusqu'à ce que la personne en charge de la musique ait fait son travail.

6. AUX MIDGES[1] TU T'HABITUERAS

Tous les Écossais ont leur théorie sur ce qui attire les midges des Highlands vers certaines personnes plutôt que vers d'autres. Ce qui est sûr, c'est que ces minuscules insectes qui piquent sans relâche sont le principal obstacle aux joies de la vie au grand air en Écosse.

1. Les midges, surnommés « moustiques des Highlands », sont des moucherons très voraces.

C'est dans l'ouest des Highlands, sur les îles et dans la région d'Argyll que les midges — à ne pas confondre avec les moustiques — sont les plus répandus. En fait, on les trouve partout où l'eau et la terre se rencontrent. Ils ont une préférence marquée pour les sols acides, tourbeux et riches en nutriments. Ils dansent à toute allure au-dessus des joncs et des roseaux lors de rituels d'accouplements.

Que Dieu vienne en aide à quiconque traverse une nuée de midges ! Le plus souvent, leurs piqûres sont indolores — c'est seulement quelques jours plus tard que de petites poches rouges sous la peau vont signaler leurs piqûres. C'est là que le poison de la bestiole installe sa démangeaison. Pire encore, le midge semble immunisé contre les conditions météorologiques extrêmes. Un peu comme dans un film de science-fiction dystopique, on imaginait que l'hiver de « grand gel » de 2010 en Écosse ferait baisser sa population, mais il l'a en fait développée : beaucoup de chauves-souris sont mortes, et le midge s'est trouvé privé de ses prédateurs.

Certaines personnes attirent les midges plus que d'autres. Selon les scientifiques, c'est à cause du goût de leur sang. Après une série d'expériences sur des habitants

de la région des Highlands, des chercheurs de la London School of Hygiene and Tropical Medicine[1] ont conclu que le sang des sujets les moins piqués contenait un niveau élevé de cétone, une substance chimique produite par le corps quand il brûle de la graisse. Ces données vont permettre de développer un médicament pour éloigner les midges et les moustiques, qui sont des facteurs de transmission de bon nombre de maladies.

Pour l'heure, les solutions restent limitées. Ce qui donne lieu à toutes sortes de suggestions pour éloigner les indésirables, depuis la consommation de sandwichs à la Marmite[2] au Skin So Soft d'Avon, un spray de lait pour le corps à la citronnelle. Un chapeau avec un filet pour couvrir le visage est le meilleur moyen d'empêcher le midge d'accéder à votre peau, mais vous risquez sérieusement de ressembler à Hannibal Lecter. Personnellement, je pense que cela vaut le coup si cela permet de siroter tranquillement une boisson chaude dehors.

1. Université publique spécialisée dans les domaines de la santé publique et de la médecine tropicale. Sa mission est très proche de celle de l'Institut Pasteur en France.
2. Une pâte à tartiner salée à base d'extrait de levure, très populaire au Royaume-Uni.

7. TES IDÉES, PARTAGER TU DEVRAS — ET LA BONNE PAROLE, TU PRÊCHERAS

Les librairies qui disposent d'une caisse avec une pancarte indiquant « Livres gratuits ! Servez-vous » marqueront toujours des points par rapport à leurs concurrents. Dans mes recherches pour *Le Livre du coorie*, il est apparu que le don et l'échange de biens et de travail sont une monnaie d'échange cruciale dans les industries créatives. C'est un message qui forme le soubassement du coorie.

Bakery47, un café extrêmement populaire du quartier sud de Glasgow et qui a malheureusement fermé, proposait un « troc de pain » hebdomadaire : les consommateurs pouvaient embarquer un pain au levain en échange d'une heure de leur temps pour aider au service ou réparer un objet cassé.

L'un des aspects les plus agréables de mon travail est de rencontrer des créateurs et de découvrir qu'ils ne demandent qu'à me parler des travaux d'autres personnes qu'ils estiment. Loin de les envisager comme des concurrents, ils se montrent très excités pour évoquer un nouveau projet collaboratif ou une rencontre. On observe alors une sorte de diagramme de Venn où le chevauchement de deux disciplines va créer quelque chose de précieux.

Vouloir garder les jolies choses pour soi est un réflexe qui se comprend. Mais n'avons-nous pas aussi la responsabilité de partager nos découvertes ? Les réseaux sociaux entretiennent le besoin d'afficher en permanence ce que nous faisons au monde entier, surtout si cela vient soutenir l'idée que ce que nous faisons est excitant. Mais ce qui apparaît sur nos écrans nous permet aussi de découvrir de nouveaux restaurants, de nouvelles boutiques et de nouveaux artistes, surtout quand on vit à des centaines de kilomètres de là. Twitter et Instagram ouvrent l'Écosse au reste du monde. Internet en tant que force pour le bien, c'est possible. Vraiment.

Advance
GEOFFREY
DENT

CHAPITRE 3

PARLER COORIE

Pour une grande majorité de journalistes, le style du journal pour lequel ils travaillent est une référence presque sacrée. D'après The Times, *c'est en examinant d'anciennes éditions que l'on mesure le mieux « le flux et le reflux d'une langue ». À mes yeux, ce sont les nouvelles entrées dans une grammaire ou un dictionnaire qui, mieux que tout le reste, vont souligner l'impact des évolutions culturelles.*

Une de mes amies souffre de synesthésie, une condition qui fait qu'un de ses sens va automatiquement en stimuler un autre. Dans son cas, cela signifie qu'elle voit les mots comme des couleurs. Je trouve cela fascinant. À un moindre degré, je pense que ce transfert d'un sens à un autre se produit pour chaque Écossais quand il décrit son pays. Il suffit que quelqu'un prononce le mot « whisky » pour visualiser immédiatement des alambics en cuivre bombés luisant dans le ventre d'une distillerie d'Ardbeg, sur l'île d'Islay. En tout cas, c'est l'effet que cela me fait.

Pour vous faire une idée juste de l'Écosse, vous devez d'abord en apprendre la langue vernaculaire. Des mots qui trouvent leurs racines dans le lallans et le dorique, deux dialectes parlés dans les Lowlands (basses terres) et le nord-est, et qui chantent l'histoire. Les mots sont empruntés aux trois langues du pays — le gaélique écossais, le scots et l'anglais — puis redistribués.

Beaucoup d'Écossais (et de non-Écossais) me disent que *coorie* est en bonne position dans la liste de leurs mots préférés. Il y en a d'autres qui brossent un tableau de l'Écosse en ce qu'elle a de plus coorie. Voici une petite sélection des meilleurs d'entre eux.

« Ton papa se pelotonne, mon petit,
Your Daddy coories doon, my darling,

Afin de rentrer dans le filon,
Doon in a three foot seam,

Pour que tu puisses te pelotonner dans ton lit
So you can coorie doon my darling,

Et dormir d'un sommeil bien profond. »
Coorie doon and dream.

« La Berceuse du Mineur », chanson traditionnelle

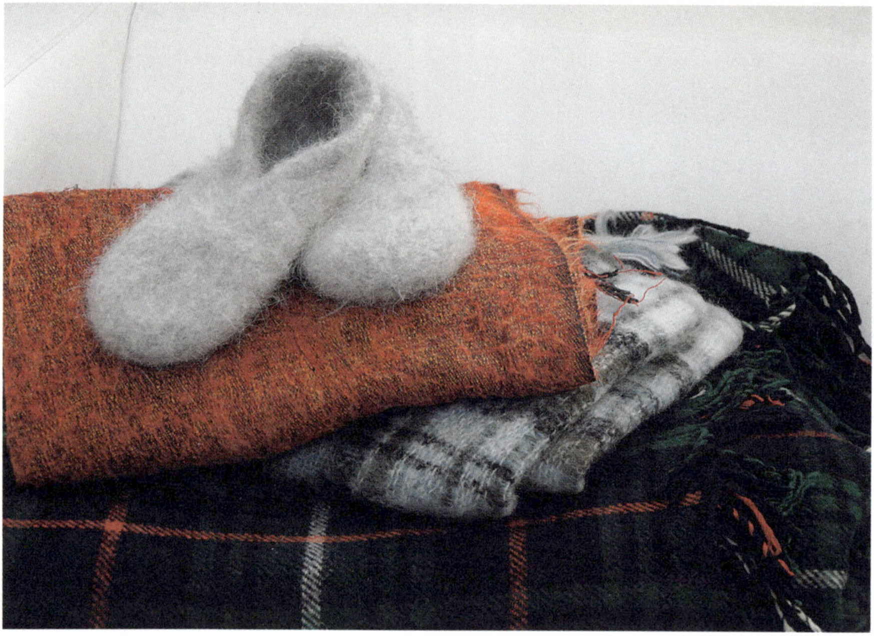

BAFFIES *(nom)*

Chaussons

« J'ai enfilé mes ***baffies*** et mis une bûche dans la cheminée — je vais me faire une petite soirée cosy. »

BAM *(nom)*

Personne qui étale sa bêtise

« C'est bien beau de penser à mettre ton *stovies*[1] dans le four, mais ç'aurait été pas mal de le mettre en route pour le même prix, espèce de ***bam*** ! »

BLETHER *(verbe)*

Entamer une longue conversation ou faire des commérages

« On a profité de la pause déjeuner pour aller prendre un peu le soleil et on s'est mises à ***blether***. »

BRAW *(adjectif)*

Agréable à l'œil (convient aussi aux objets)

« Mais t'es carrément ***braw***, avec cette écharpe ! »

---

1. Variété de ragoût à base de pommes de terre, de viande et d'oignons.

CLAP *(verbe)*

L'acte de câliner ou caresser un animal

« Ça te dérange si je ***clap*** ton toutou ? »

CLOSE *(nom)*

La cage d'escalier d'un immeuble ou d'une construction résidentielle

« T'as vu les plantes que le type du n° 4 a mises dans le ***close***? Ça lui donne un petit air ***braw***. »

DREICH *(adjectif)*

Conditions météorologiques humides, avec des précipitations, un ciel gris et de basses températures

« C'est carrément ***dreich*** à Invergarry aujourd'hui — oublie pas d'enfiler ton ciré si t'as l'intention d'aller à l'école à pied. »

DROOKET *(adjectif)*

Complètement trempé à cause de la pluie

« Je suis tellement ***drooket*** que même mon pantalon est trempé. »

GALLUS *(adjectif)*

Audacieux, aventureux

« C'était carrément ***gallus*** de la part de Mairi d'enchaîner avec un whisky après avoir descendu un gin-to. »

Sert aussi à décrire une personne ou un décor parfait

« On va faire en sorte que le jardin ait toujours l'air ***gallus***. »

GUTTIES *(nom)*

Chaussons de gymnastique

« Je suis allé dans la rivière avec mes ***gutties*** parce que j'avais peur de me faire mal aux pieds sur les cailloux. »

HOUSECOAT ou GOONY *(nom)*

Robe de chambre

« M'man, j'sais plus où j'ai mis mon ***housecoat*** ! »

JUICE *(nom)*

N'importe quel breuvage à l'exception de l'eau, des boissons chaudes et de l'alcool

« J'ai ouvert une canette de ***juice*** pour me rafraîchir après ma balade, mais j'en ai fichu partout. »

MESSAGES *(nom)*

Provisions ou courses en général

« Il va falloir que j'aille en ville chercher des ***messages*** pour le goûter des gamins. »

MOORIE-CAVI *(nom)* (région des Shetlands)

Un blizzard de neige fine et poudreuse

« Il souffle un de ces ***moorie-cavi*** dehors, là ! »

PEELY WALLY *(adjectif)*

D'une pâleur extrême

« T'aurais vu l'état de Finlay après sa soirée à Glasgow ! Il était ***peely wally*** et il avait bien besoin d'une canette de ***juice***. »

PIECE *(nom)*

Sandwich

« J'me casse. Oublie pas de préparer un ***piece*** avec de la confiture pour le déjeuner de ton p'tit frère. »

QUINE *(nom) (dorique)*

Fille ou jeune femme

« La ***quine*** à l'arrêt de bus m'a dit que le 37 était en route — je serai bientôt de retour à la maison pour dîner. »

RIDDY ou BEAMER *(nom)*

Un visage rouge d'embarras

« Colin a pas été fichu d'allumer le feu hier soir. T'aurais vu son ***beamer*** ! »

SHOOGLE *(verbe)*

Secouer ou agiter quelque chose d'avant en arrière

« Pour débloquer une clef coincée dans une serrure, il suffit de la ***shoogle*** un petit peu. »

SWALLY *(nom)*

Une petite gorgée

« Donne-nous donc une ***swally*** de ton whisky, mon ami ! »

YALDI *(nom)*

Expression de triomphe

« J'ai réussi à enlever mes bottes sans défaire les lacets. ***Yaldi*** ! »

CHAPITRE 4

LES TRADITIONS COORIES

Les Écossais adorent se réunir : il n'y a donc rien de surprenant à ce que les traditions incitent à la débauche. Mais elles sont aussi l'occasion d'évoquer la mémoire des ancêtres et de créer de nouveaux souvenirs en compagnie des êtres chers. Voici certaines des coutumes les plus ancestrales.

UP HELLY AA

Peut-on faire plus coorie que célébrer la vie au moyen d'un gigantesque feu de joie durant le mois le plus froid de l'année ? C'est difficilement envisageable aux yeux de ceux qui attendent avec impatience Up Helly Aa, où l'on célèbre les liens qu'entretiennent les Shetlands avec les Vikings.

Le dernier mardi de janvier, les habitants de Lerwick, la capitale des Shetlands, consacrent une journée à boire, chanter et s'amuser pour fêter leurs ancêtres. Dans cet archipel subarctique, dont la latitude est proche de celle du sud du Groenland, rien ne saurait entamer l'esprit festif de ses habitants. Seuls quelques rares événements (qui n'étaient pas en lien avec la météo) ont empêché Up Helly Aa de se dérouler depuis les années 1880, quand cette fête a été célébrée pour la première fois.

Pour le plus grand plaisir de milliers de visiteurs, le Guizer Jarl[1], c'est-à-dire le chef de la fête, va braver les intempéries vêtu de son déguisement dont le secret est soigneusement préservé jusqu'au jour de la fête. Quand vient la nuit, une retraite aux flambeaux de personnes déguisées va sillonner la ville. La retraite s'achève face à un énorme bateau viking, fruit de quatre mois de travail, auquel on met le feu au son de tambours frappés en rythme.

D'une certaine manière, les traditions des Shetlands se sont fossilisées grâce à cette célébration annuelle. Mais Up Helly Aa montre aussi comment les îles s'adaptent à la nature changeante de l'Écosse. Récemment, le fait que les femmes ne pouvaient pas prendre part à la procession à Lerwick a suscité un vif débat ; la question des genres est toujours un sujet sensible. De tout temps, les Guizers ont été des hommes, mais de plus en plus de voix s'élèvent pour que cette dimension de la tradition franchisse enfin le cap du XXIe siècle.

1. Le mot *jarl* désigne un chef viking et *guizer* le déguisement. Le Guizer Jarl est donc la personne à la tête de toutes celles qui se déguisent.

HOGMANAY

Depuis toujours, l'Écosse entretient une grande histoire d'amour avec les festivités. Au départ, Hogmanay — qui est en quelque sorte la version écossaise survitaminée du Nouvel An — signalait le solstice d'hiver : cette fête permettait aux gens de célébrer la fin des longues soirées plongées dans le noir.

Dans de nombreuses régions d'Écosse, Hogmanay revêt plus d'importance que Noël. Il lui a en effet tenu lieu d'alternative durant des siècles, quand le régime protestant bannissait l'esprit de Noël.

La semaine qui s'écoule entre Noël et Hogmanay a fini par devenir un *no man's land* calendaire, où manger, boire et voir du monde forment une Sainte Trinité riche en calories. La collation est le seul salut et plus personne ne sait vraiment quel jour on est. Les Écossais sont un peu plus lourds et épuisés, mais ragaillardis par l'amitié et le temps passé en famille.

L'étymologie du nom de Hogmanay est difficile à établir. Il serait apparu à cause des Français dans le moyen scots, la langue parlée par les habitants des basses terres entre 1450 et 1700. Emprunté au mot dialectal du nord de la France *hoguinané*, lui-même influencé par le mot *aguillanneuf* du moyen français du

XVIe siècle, on pense que ce jour évoquait un cadeau offert — le plus souvent aux enfants — pour la nouvelle année.
Selon Donna Heddle, la directrice de l'Institute for Northern Studies (Institut d'études nordiques) à l'University of the Highlands and Islands (université des Highlands et des îles), Hogmanay aurait fait sa première apparition dans le vocabulaire suite au retour en Écosse de Marie Stuart, la reine d'Écosse, en 1561.
« Le nom pourrait aussi venir de l'anglo-saxon *haleg monath*, qui signifie "mois sacré", dit Donna Heddle. Mais la source la plus vraisemblable semble être le français. En Normandie, les cadeaux offerts à Hogmanay étaient des *hoguignetes.* »
Lorsqu'il est question de Hogmanay, certaines superstitions ont la vie dure.
Immédiatement après les douze coups de minuit, aussi appelés « les cloches », il faut impérativement chanter une version entraînante de « Auld Lang Syne[1] », même si personne n'en connaît vraiment les paroles.
Après la chanson, on est censé boire un verre de je ne sais quoi et les fêtards vont faire le tour des convives pour leur faire des accolades et les embrasser afin de leur souhaiter la bonne année.

L'Écosse est le seul pays à accorder à ses citoyens une fête nationale le 1er et le 2 janvier. Il leur faut quand même un peu de temps pour se remettre de ce petit verre de je ne sais quoi.

FIRST-FOOTING

First-Footing (soit « le premier à franchir le seuil ») est une tradition qui, elle aussi, vient juste après les cloches.
La tradition veut que le premier convive à franchir le seuil d'une maison soit un grand homme sombre portant un objet symbolique : une pièce de monnaie, un morceau de charbon, des biscuits shortbread, un *black bun* (un genre de gâteau sucré très dense) ou une bouteille de whisky. Ces objets symboliseraient la prospérité pour les mois à venir. Le travestissement du protecteur est censé être une évocation supplémentaire de l'époque des Vikings. Si un étranger blond à barbe arrivait à la porte sans prévenir, le message sous-jacent serait un avertissement plutôt qu'un bon présage.

1. Cette chanson écossaise est mieux connue des Français sous le titre « Ce n'est qu'un au revoir ».

LE LOONY DOOK

Pour être honnête, il y a une majorité d'Écossais qui ne respecte pas nécessairement les coutumes festives de nos jours. Mais il y a une tradition que beaucoup d'entre eux continuent d'apprécier : le Loony Dook. Le jour du Nouvel An, les plus téméraires vont nager dans les températures glaciales d'un cours d'eau — le plus couru étant l'estuaire Firth du fleuve Forth, au sud de Queensferry — afin de récolter de l'argent pour le compte d'une organisation caritative. Plus d'un millier de nageurs, qu'on appelle des *loonies* (« cinglés ») font leur *dook* (« trempette »), habillés de costumes invraisemblables. La tradition du Loony Dook n'a qu'une trentaine d'années. Mais elle est devenue l'une des coutumes qui attirent le plus l'attention durant la période des fêtes. Les journaux écossais publieront forcément des images du Loony Dook en première page de leur édition du 2 janvier, surtout si les baigneurs ont su faire preuve d'extravagance pour leurs costumes.

UNE PART DE TARTE AU STEAK

La tarte au steak, ou *steak pie*, du Nouvel An est incontournable. Ce plat bourratif absorbe tout ce qui pourrait encore rester d'alcool dans le système. Il tient aussi lieu de dîner rapide, surtout si la tarte a été achetée à l'avance — et que votre Loony Dook du jour vous a creusé l'estomac. Historiquement, les chefs de famille devaient souvent travailler le 1er janvier, et une *steak pie* achetée chez le boucher était donc considérée comme un bon moyen d'offrir un repas nourrissant qui n'exigerait pas une longue préparation.

Le soir du Nouvel An, se poser devant la télé avec une part de *steak pie* et une montagne de *clap shot* (une purée de pommes de terre et de navets) est un bonheur coorie absolu.

BURNS NIGHT

Si la *steak pie* est le symbole culinaire d'Hogmanay, c'est le *haggis*[1] qui va jouer ce rôle lors de Burns Night. La célébration annuelle de Robert Burns[2], le poète le plus célèbre d'Écosse, s'accompagne d'un ensemble de traditions tournant autour de la nourriture, mais aussi de divers moyens d'encourager une bonne conversation.

Un mois jour pour jour après Noël, les Écossais organisent un dîner pour commémorer la contribution de Burns à la culture de leur pays. Lors des commémorations officielles, un joueur de cornemuse en chair et en os va accueillir les invités, tandis qu'un enregistrement fera l'affaire pour les dîners plus modestes. Suit la déclamation du « Selkirk Grace », une courte prière écrite par Burns pour rendre grâce à ce qui va être mangé. C'est en général la personne la plus érudite de la table qui s'en charge. Ce texte enjoué salue ceux qui ont faim en temps de prospérité :

« Certains ne peuvent pas manger, alors qu'ils ont de quoi,
Et certains aimeraient bien manger, mais n'ont pas de quoi.
Mais nous, nous pouvons manger, et nous avons de quoi.
Loué soit le Seigneur ! »

La principale attraction du dîner de Burns Night est le tristement célèbre morceau d'abats ficelé ou son équivalent végétarien. Et non seulement le *haggis* constituera le plat principal, mais il devra être annoncé à coups de cornemuse, avec le poème de Burns « To a Haggis ». Enfin, les invités trinqueront à cette occasion. En règle générale, les invités se rempliront alors de *haggis*, de *neeps* (navets) et de *tatties* (purée de pommes de terre), avec de la bière, du whisky et de l'eau pour accompagner leur repas. Un assortiment de discours succède au dîner, avec notamment un spirituel « Toast to the Lassies » (« toast aux filles »), et la possibilité pour les invitées d'y répondre avec des reparties tout aussi spirituelles.

Aujourd'hui, il y a toutes sortes de variantes de la Burns Night. Les brasseurs écossais Innis & Gunn se sont associés à Macsween, les producteurs de *haggis*,

1. Aussi connu en France sous le nom de « panse de brebis farcie ».
2. Robert Burns est un symbole de l'Écosse. Pionnier du romantisme, il est une icône de la culture écossaise et influence encore aujourd'hui la littérature.

pour organiser une après-midi de célébration de notre plat national. On pouvait trouver au menu du chocolat épicé au *haggis* et des *scotch eggs*[1] au haggis, tandis que « The Stand », l'institution comique de Glasgow, proposait un spectacle sur le thème de Burns. À l'affiche, des humoristes ajoutaient certains des vers les plus connus du poète à leurs sketchs. Il y a quelque temps, la soirée *This Is Not A Burns Night* (« Ce n'est pas la soirée Burns ») proposait même un changement thématique radical pour toutes celles et tous ceux qui ont besoin d'oublier un peu les vers de Burns !

Qu'ils soient ou non fans de son œuvre, les invités d'une Burns Night doivent interagir dans l'esprit d'un débat animé et ne surtout pas rester assis à ne rien dire. La clef d'une Burns Night coorie, c'est le mouvement : linguistique et physique. Le whisky va jouer un rôle essentiel, comme dans tant d'autres traditions écossaises.

1. Des œufs durs entourés de chair à saucisse, roulés dans de la chapelure et frits.

La première fois que j'ai organisé une Burns Night, mon *haggis* était froid et il y avait des grumeaux dans ma purée, mais tout le monde avait l'air enjoué. Puis j'ai remarqué que les deux bouteilles de whisky Highland Park que j'avais achetées pour le dîner avaient été vidées avant même que je sorte du frigo le *cranachan*[1] pour le dessert.

Au moment de partir, plus aucun de mes amis n'était en mesure de marcher droit. Mais si cela avait été le cas, j'aurais assurément failli à ma mission d'organisatrice.

1. À l'origine, ce dessert traditionnel écossais à base de framboises et de crème était servi en juin pour célébrer la fin de la récolte des framboises. Il est désormais proposé toute l'année.

UN DÎNER BURNS DES TEMPS MODERNES

Barry Bryson, chef privé

« Chaque année, je vais préparer au moins quatre dîners Burns, pour des événements qui vont de la soirée de quartier au dîner dans un cabinet d'avocats. La seule chose dont je ne peux jamais m'éloigner, c'est le *haggis*. On peut fêter Noël sans dinde, mais Burns sans *haggis*, c'est hors de question !

Beaucoup de gens aiment la nourriture molle, humide — elle est très réconfortante — mais moi, j'aime bien ce qui a de la texture. Alors, pour les légumes de votre dîner Burns, pensez à les faire cuire sur une plaque chauffante. Cela donne davantage de croquant au plat. J'aime que la patate soit écrasée avec de la crème (ce serait un petit peu bizarre de manger des pommes vapeur lors d'un dîner Burns) pour préserver le concept de nourriture réconfortante. Parce que c'est un aliment de couleur sombre, le *haggis* n'est pas très photogénique. Le résultat rendra mieux si vous variez le contenu de l'assiette.

Chacun a son fournisseur de *haggis* préféré. Le mien est Shaws Fine Meats, un boucher de la ville de Lauder, dans la région des Borders. Je n'ai jamais ressenti le besoin de rectifier l'assaisonnement. Et sa consistance est parfaite pour des petits-fours au haggis. Pour les végétariens, le *haggis* sans viande de Macsween est pimenté et vraiment bon.

Préparation

1. Ôtez la feuille de plastique puis recouvrez le *haggis* de son enveloppe de papier aluminium. Plongez-le dans un bouillon qui fera office de bain-marie. Le liquide doit être juste frémissant. S'il est trop fort, le *haggis* va se fendre.
2. Coupez le haggis en rondelles, comme du boudin. Poêlez-les en les retournant avec une spatule.
3. Servez avec un bouillon de veau que vous aurez fait réduire aux deux tiers avec une touche sucrée, par exemple du miel ou de la confiture de groseilles.

Vous pouvez décorer le *haggis* avec un filet de bouillon réduit. La couleur orangée du rutabaga et la blancheur de la purée forment une jolie composition. »

CHAPITRE 5

LE COORIE SAUVAGE

En Écosse, rejoindre une destination reculée fait partie de l'expérience du voyage. Atteindre le passage « Rest and Be Thankful » signifie que vous êtes allé aussi loin que le Cobbler, l'un des sommets les plus escarpés du sud des Highlands. Quand vous partez depuis le sud du pays, vous pouvez voir comme les montagnes se mettent à grandir à mesure que vous montez. Seul le lacet que forme la route permet de les distinguer.

Dans les coins les plus reculés, la naissance de certains projets extraordinaires reste une véritable énigme. Dans le cas d'Inver, un restaurant situé au bord d'un loch à Strachur, dans la région d'Argyll and Bute, les propriétaires, Pam Brunton et Rob Latimer, ont saisi une occasion unique de marquer de leur empreinte ce lieu retiré, à l'ouest de l'Écosse.

Leur restaurant, où se rencontrent la Scandinavie et l'Écosse, respire le calme. On peut s'asseoir sur des sièges recouverts de Harris Tweed (voir p. 165), sous les fenêtres, et de petits bouquets d'herbes sauvages viennent apporter une note de nature. Mais la route qui relie Inver provoque souvent des échanges vifs entre passager et conducteur : « On n'aurait pas raté le carrefour ou le virage, par hasard ? » ou « Qui était chargé de faire attention aux panneaux ? » Puis un panneau de bois arborant le nom du restaurant apparaît et signale la fin du trajet.

SPECIALS
GRILLED SQUID, BROAD BEANS & SORREL £8.5
LAMB SHANK & GRILLED CABBAGE, WHEY BUTTER £14.5
WHOLE PLAICE, CRAB & SEA BUCKTHORN

AU BORD DU LOCH

C'est comme si le paysage avait été conçu pour encourager la découverte.

Quand ils se sont installés ici, en 2014, Pam et Rob ont déniché un cottage de pêcheur vieux de 300 ans qui avait bien besoin d'être rénové, mais qui ne manquait pas de caractère. Sur l'espace qu'ils appellent désormais le Boatshed (l'abri à bateau) était entreposé le bateau de l'ancien occupant du cottage — qui payait la moitié de son loyer en harengs. Pam et Rob n'ont pas ressenti le besoin de changer radicalement l'intérieur du cottage. Aujourd'hui, une bibliothèque de livres de cuisine montrant des signes d'usure cohabite avec des murs de pierre épais, pour préserver du froid.

La cuisine est tout sauf clinquante, mais elle n'a rien de banale pour autant. Dîner ici, c'est profiter à la fois de la nourriture et du décor, en regardant les ruines du Castle Lachlan par la fenêtre. Des bouillons et des beurres parfumés sortent de la cuisine, suivis de grands bols de mouton pour vous réchauffer. Les assiettes sont décorées de feuilles vertes aussi délicates que le filament d'une ampoule. L'établissement propose aussi une belle sélection de bières écossaises.

Quand vous séjournez à l'Inver, vous n'imaginez pas tout le travail de logistique qu'exige ce lieu. Des ingrédients sélectionnés avec soin traversent toute l'Écosse rurale, depuis Strathaven, Gigha et Ardkinglas, pour aboutir dans votre assiette. L'endroit respire l'intelligence. Et le personnel, en salle comme en cuisine, rend l'expérience exquise. Les propriétaires ont peaufiné les choses juste ce qu'il fallait. Le résultat, c'est un dîner à trois ingrédients au bord d'un lac qui s'élève au rang de confort astucieux.

INSHRIACH : UN DOMAINE À NUL AUTRE PAREIL

« À la fin des années 1970, chez ma grand-mère, coorie *signifiait avoir bien chaud et se pelotonner à l'intérieur. À l'époque, on n'avait pas de double vitrage ni de couettes. »*

À la campagne, c'est la simplicité qui illustre le mieux le coorie. Mais quand on pense aux efforts nécessaires pour faire tourner un lieu comme Inver, cette simplicité ne peut pas occulter le boulot acharné qu'il a fallu fournir. Isolez les éléments composites réunis pour en faire une expérience particulière et vous verrez que ce sont les mêmes fils que ceux qui tissent l'identité écossaise.

À Inver, ce sont l'eau, la vue et la nourriture. À Inshriach, un domaine d'une centaine d'hectares à la sortie d'Aviemore, ce sont les forêts, l'autosuffisance et l'invention.

Le directeur, Walter Micklethwait, a insufflé une nouvelle vie à une étrange série de constructions bricolées à peu de frais. J'ai rencontré Walter pour la première fois durant l'été 2013, lors d'un séjour à l'Inshriach Bothy[1], auquel je devais consacrer un article pour le compte d'un magazine de décoration. Le lieu m'a charmée. J'aurais pu y passer des semaines, et cela m'aurait toujours paru trop court. C'était mon instant Narnia : la porte qui s'ouvre sur un lieu évoquant une aire de jeux pour adultes.

Ce qui fait le succès d'Inshriach, c'est son bar à gins et le magasin de sa ferme, qui a remporté le prix « Shed of the Year » (« Cabane de l'année ») remis par la chaîne de télévision Channel 4 en 2015. Le magasin a été construit avec des panneaux de la gare à la fois la plus haute et la plus petite du Royaume-Uni, à Dalnaspidal. C'est là qu'est produit l'Inshriach Gin, à partir des baies de genévriers et d'églantiers récoltées sur le domaine.

Inshriach résume le coorie à plus d'un titre. Chaque année, Walter, sa compagne, Lizzy Westman, et sa mère, Lucy, accueillent de nouveaux résidents au Dog Shed (cabane à chien). Ce petit cottage est loué à des personnes de tous milieux qui cherchent à s'imprégner du mode de vie de ce lieu. Pour ceux qui aiment faire de nouvelles rencontres et partager des idées, Inshriach est un havre coorie. Ceux qui viennent pour le week-end seulement peuvent trouver le calme dans le sauna, fait à partir du bois d'un ancien box à cheval, ou bien dans le jacuzzi près de la rivière.

---

1. Un bothy est un cabanon ou un refuge (voir p. 81).

Les cloisons du Beer Moth, un camion de pompier des années 1950 reconverti en chambre, sont faites avec du plancher victorien de récupération. Il y a un grand lit en fer forgé très confortable. On peut ouvrir la porte depuis le lit. Il suffit alors de basculer la tête en arrière pour observer les étoiles filantes dans les nuits d'août. Au loin, on entend rugir les poêles à bois de la yourte et de la cabane du berger.

La petite cabane, probablement l'unité la plus astucieuse de tout le site, est l'un des trois refuges d'Écosse conçus par l'artiste Bobby Niven et l'architecte Iain MacLeod dans le cadre du projet Bothy. Elles sont louées à des artistes, des écrivains et des artisans, avec la consigne que le travail qu'ils y produisent soit inspiré d'une façon ou d'une autre par l'Écosse. Le concept d'origine a débouché sur l'Artist Bothy : les créateurs qui participent au projet Bothy et séjournent dans l'une de ces cabanes peuvent en acheter une pour l'installer chez eux. Les prix démarrent aux environs de 44 000 euros — les fonds récoltés sont réinjectés dans le projet.

DES OUTILS POUR LA VIE À CHIPPENDALE

À Chippendale, la présence de Shellac, la tortue du studio, vient rappeler à tout le monde qu'il faut savoir prendre son temps.

Au cours des dix dernières années, le consumérisme a suivi une trajectoire intéressante en Écosse. Un retour aux techniques vieilles de plus de deux cents ans conduit des élèves du monde entier à s'inscrire à la Chippendale International Furniture School, une association à but non lucratif installée dans une zone rurale à la périphérie de Gifford, dans la région de l'East Lothian.

Fondée en 1985 par Anselm Fraser, l'école délivre toutes les compétences nécessaires pour fabriquer du mobilier, mais aussi développer le sens des affaires. L'outillage va des années 1920 à nos jours.

Les élèves qui arrivent à l'école ont le plus souvent quitté un emploi de bureau. Fatigués de travailler dans le monde de l'entreprise, ils veulent apprendre à se rendre utiles avec leurs mains et à faire des produits conçus pour durer. Le bois sélectionné par Anselm et son équipe provient de forêts écossaises durables. Il sèche à l'air libre durant deux ans, au cours d'un processus appelé le « dessèchement », avant de subir une courte exposition à une chaleur extrême dans un four. Cette méthode est indispensable pour éviter que le bois des meubles finisse par se fendre ou se déformer.

Les élèves restent une année et quittent l'établissement avec les connaissances nécessaires pour construire une cuisine ou une bergerie. Ils auront aussi construit trois éléments de mobilier d'appoint sous le regard attentif de leurs formateurs. La clientèle suit — les visiteurs des expositions bisannuelles de l'école atteignent des chiffres records depuis quelques années, avec un goût de plus en plus marqué pour les meubles sur mesure.

Se réveiller dans une cabane, comme le font les élèves de Chippendale, clarifie notre rapport à la terre qui nous entoure. Les choses dont nous pensons qu'elles nous sont essentielles retrouvent leur juste place pour permettre à des besoins plus simples de s'imposer. Tout ce dont nous avons vraiment besoin, c'est d'un feu, d'un endroit où se laver, d'un bureau pour dessiner ou réfléchir. Un lieu où on peut acquérir une nouvelle manière de voir le monde et un endroit confortable où dormir.

LA BEAUTÉ DU BOTHY[1]

Les cabanes du projet Bothy aident les créatifs à se concentrer pour produire de nouvelles œuvres, mais la fonction originelle du *bothy* était plus égalitaire. Quand la Mountain Bothies Association a été fondée, en 1965, elle entendait offrir un refuge aux marcheurs et aux grimpeurs dans les endroits reculés d'Écosse. L'idée étant que les randonneurs qui consentent à faire un effort important pour explorer des espaces sauvages méritent un hébergement rudimentaire gratuit. Le concept a été développé dans tout le pays en faisant appel à la générosité des propriétaires des terres. Concrètement, un seul des bothies installés par l'association sur ses terres lui appartient. Plus d'une centaine de ces refuges sont gratuitement mis à disposition des randonneurs, sous réserve qu'ils soient restitués propres et sans dommage.

La pratique du *bothying* s'est développée quand l'agriculture est devenue plus intensive et de plus en plus de fermes ont été laissées à l'abandon. Dans les années 1940, les marches dans la nature se sont imposées dans les loisirs. Les randonneurs cherchaient donc des refuges pour leurs escapades, et ces petites constructions ont fait l'affaire.

En échange d'une somme annuelle modique, l'association s'occupe des *bothies* et procède à de nouvelles acquisitions. La plupart sont des constructions d'une seule pièce faites avec la pierre locale et couvert de toits en tôle ondulée. Elles comportent uniquement un foyer ouvert et des couchettes rudimentaires. Certaines se limitent à quatre murs et un sol en pierre. Elles partagent toutes cependant cette qualité : elles sont situées au milieu des paysages les plus extraordinaires que l'Écosse ait à offrir.

The Schoolhouse, un *bothy* en tôle ondulée peint en bleu et gris situé dans le vallon d'Easter Ross, était jadis un lieu d'apprentissage pour les enfants des gardes-chasses de la région, randonneurs infatigables qui arpentaient les rives des lochs sur des échasses. Au lieu d'effacer ce pan de l'histoire, l'association a préservé l'école. Les campeurs qui cherchent un coin coorie continueront d'y trouver les tableaux noirs et les tables d'écolier.

1. En anglais, *bothy* peut désigner, selon les cas, une hutte ou une cabane, mais dans le cas particulier de l'Écosse, il s'agit d'un refuge de montagne souvent très sommaire.

EARLSHALL CASTLE, LE BUT ULTIME

Ce qui était bon à jeter aux yeux d'un horticulteur, Lorimer l'a sauvé et en a fait des merveilles. Ces topiaires ont été récupérées dans un jardin à l'abandon d'Édimbourg et implantées à Earlshall dans les années 1890.

Pour moi, l'un des points forts de l'exploration des étendues sauvages écossaises est de repérer des constructions qui parsèment le paysage. Elles peuvent être aussi humbles qu'un pigeonnier, aussi intrigantes qu'une ferme abandonnée ou aussi imposantes qu'une demeure en ruine dans le style de l'architecture palladienne. Chacune vous apprendra quelque chose sur les gens qui ont vécu sur cette terre et l'ont travaillée.

L'une des constructions les plus étonnantes de la campagne est Earlshall Castle, une maison privée située à Fife.

Construite en 1546 à Leuchars, juste à la sortie de St Andrews, cette maison-tour avec un plan en Z était tombée en ruines à la fin du XIXe siècle, quand elle avait été laissée à l'abandon. Sa restauration, en 1890, a constitué un tournant dans ce moment de l'architecture qui précède la révolution industrielle. À l'époque, sauvegarder de vieilles maisons était inconcevable : on préférait les démolir et les reconstruire. Cette fois, quelqu'un a reconnu la beauté d'Earlshall et s'est juré de la faire revivre.

Sir Robert Lorimer, alors tout jeune architecte, a été chargé de la rénovation. Le propriétaire d'Earlshall, Robert Mackenzie, était persuadé que Lorimer pourrait rendre la maison-tour plus vivable, même si le jeune homme manquait d'expérience. Et il avait raison.

Pour ajouter une touche d'intimité, l'architecte a passé commande d'un écran en chêne sculpté pour diviser la grande halle qui était louée autrefois aux gens pour servir de salle d'audience aux citadins, qui venaient y régler leurs différends. Un charmant pavillon d'été en bois a été posé dans le jardin, où l'on trouve également des ifs taillés qui, à l'œil moderne, font penser à des Dalek[1] géants.

On considère aujourd'hui qu'Earlshall est la résidence qui a propulsé Lorimer dans la ligue des grands maîtres de l'architecture. Il a suffi qu'une seule personne ait foi en un jeune talent pour lancer une carrière et sauver un bâtiment écossais

1. Les Dalek sont une espèce d'extra-terrestres mutants, popularisés par la série « Dr Who » diffusée depuis 1963.

historique. Paul et Josine Veenhuijzen, les propriétaires actuels, ouvrent leur demeure au public deux fois par an, dans le cadre des Scotland's Gardens[1] ; les gens du village de Leuchars viennent discuter avec les propriétaires de ce qui pousse le mieux dans la terre. La paroisse organise aussi des barbecues et d'autres événements collectifs dans les jardins.

Les propriétaires se rendent en Hollande, leur terre natale, plusieurs fois par an, mais c'est en Écosse qu'ils se sentent le plus chez eux. « C'est en partie parce que nous ressentons en Écosse quelque chose de plus fort », dit Josine.

1. Cette organisation caritative récolte de l'argent en ouvrant au public des jardins privés.

CHAPITRE 6

LE COORIE URBAIN

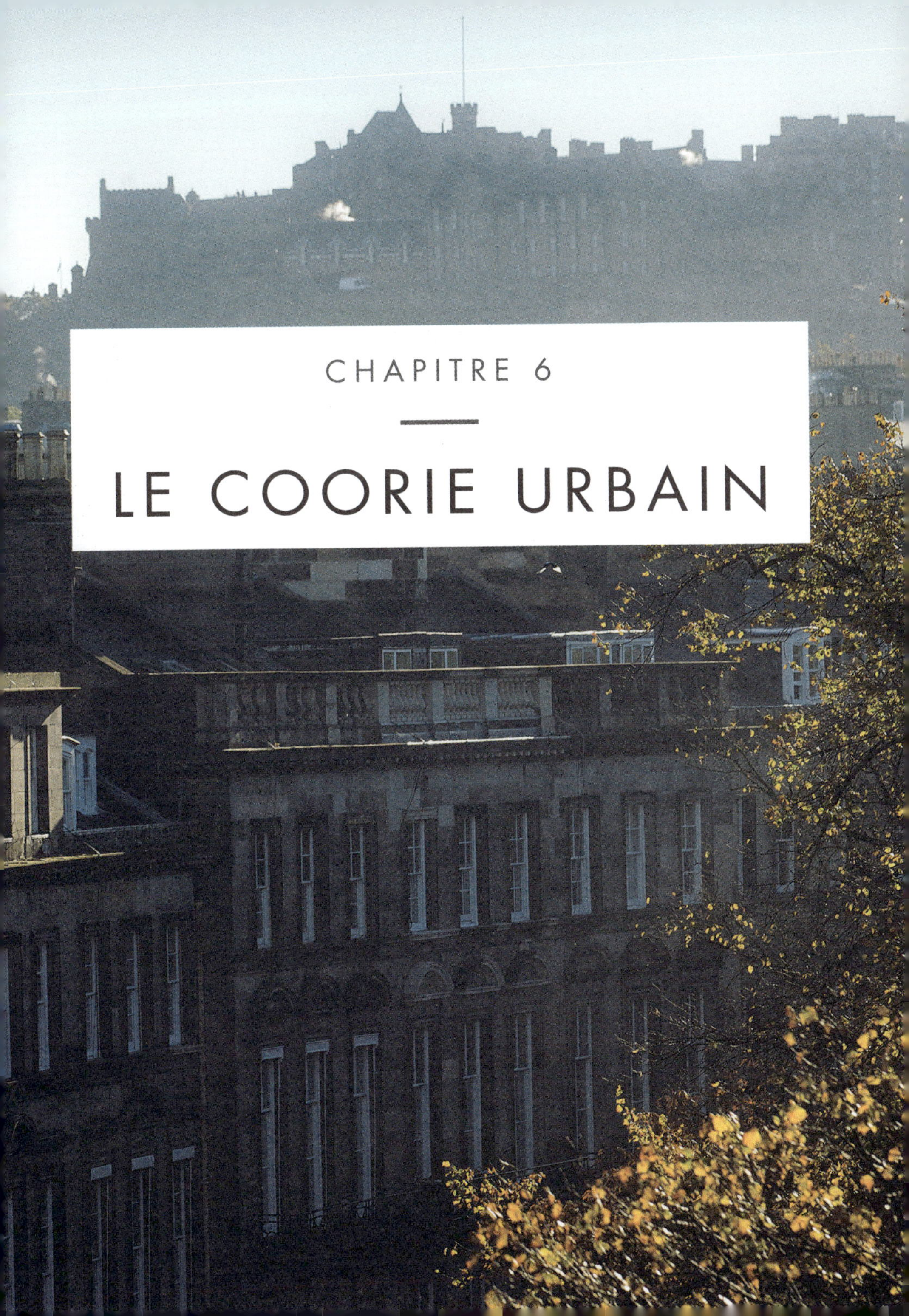

Envisager le coorie comme une activité exclusivement réservée à la campagne serait une erreur. Les zones urbaines sont gouvernées par des facteurs qui défient les principes du coorie, comme l'interdiction des poêles à bois et les services de l'urbanisme qui posent leur veto dès qu'on propose des idées sortant des sentiers battus. Mais cela n'a pas entamé les aspirations des citadins à profiter du coorie à leur manière.

La ville est comme un prisme à travers lequel nous regardons notre identité et nos objectifs. Les pubs et les lieux de culte où nous passons du temps reflètent notre architecture intérieure. L'expérience de la ville telle qu'elle est vécue par une personne peut s'opposer farouchement à celle d'une autre personne. Cela rend d'autant plus intéressantes les discussions des citadins sur le coorie.

Les rues coories pleines d'agitation ne sont peut-être pas toujours jolies, mais il est toujours possible d'enjoliver ce qu'on y trouve. Les quartiers d'Édimbourg autrefois mal famés ont été en partie améliorés. Ils comptent désormais parmi les plus coories de la ville.

Les quartiers de Leith et The Shore, au nord de la ville, abritent des start-up créatives et des restaurants étoilés au Michelin dans des entrepôts très bien rénovés, où l'on stockait jadis le grain et des produits industriels. Ces dernières années, l'une des nouveautés les plus excitantes pour les habitants de Leith a été le Pitt Market, un centre tendance ouvert le week-end où l'on trouve plein d'échoppes de *street food*. À la tombée de la nuit, on a un peu de mal à retrouver ses amis dans les volutes de fumée délicieusement parfumées de senteurs gourmandes qui émanent des différents étals, où s'activent les vendeurs à la lueur des néons. La nourriture n'est pas particulièrement chère, mais cela reste une expérience que l'on réserve pour les jours où l'on veut se faire plaisir. Même s'il faut braver le froid pour dîner en plein air, ce sacrifice n'est pas vain. La récompense se cache dans une boîte en carton : un bo bun au faisan du Perthshire, avec du concombre et des copeaux d'oignons verts, que l'on savoure autour d'un brasero.

Vivre dans une ville n'est pas toujours simple, car nos désirs et nos besoins se trouvent souvent en conflit. Peu de vues sont aussi magnifiques que celle du soleil du matin sur les immeubles en grès, mais la réalité de la vie urbaine signifie que l'on n'est jamais loin du bruit et des tensions de voisinage.

LES RARES JARDINS PRIVÉS DE GLASGOW

Le paysage urbain de Glasgow que nous connaissons aujourd'hui a été défini au milieu du XIXe siècle. Les ouvriers étaient alors logés dans de grands immeubles, dont la plupart étaient insalubres. En lieu et place de jardins, les résidents disposaient de « cours intérieures » communautaires, où l'on entreposait les poubelles et autres détritus sur du béton. Ils y mettaient aussi leur linge à sécher. Depuis, la majorité de ces immeubles ont été soit rénovés, soit rasés ; dans le premier cas, ils ont été transformés en maisons privées hautes de plafond ; dans le second, ils ont été remplacés par de nouvelles tours, telles que celles des Gorbals, dont la plupart ont été démolies à leur tour. Le manque d'espace privé extérieur perdure encore pour de nombreux habitants de Glasgow, mais aux Barras, le célèbre marché aux puces de la ville, une révolution verte promet d'y remédier.

UN HAVRE NATUREL

Tuck Studio est une boutique étonnante. À la fois clinique pour soigner les plantes malades, magasin et espace d'exposition et de vente pour des artistes et fabricants indépendants qui viennent y présenter leurs produits, il est un havre de verdure dans ce quartier urbanisé de Glasgow. La vie durable est au cœur du projet de sa fondatrice, Tavienne Holley, qui souhaite adoucir les lignes trop droites des constructions avec des chardons, des choux d'ornement, des clématites et des eucalyptus, tous cultivés biologiquement et récoltés sans qu'il en coûte à la terre.

Les fondateurs du Tuck Studio vendent de la verdure sur les marchés du week-end. À cette occasion, ils prodiguent leurs conseils aux jardiniers qui veulent apprendre les rudiments du métier pour maintenir les plantes en vie. Certaines des plantes en pots du magasin ont peut-être été abandonnées dans la poubelle d'un jardin partagé, puis ramenées à la vie grâce aux soins d'un employé. Pour les esprits créatifs de Tuck Studio, aucun arbuste n'est une cause perdue, puisqu'ils continuent d'offrir aux habitants des immeubles la meilleure alternative qui soit à un petit bout de jardin à soi.

DES THÉS POUR TOUT LE MONDE À TCHAI-OVNA

Glasgow possède un autre commerce unique en son genre, qui montre comment la créativité peut faire décoller une entreprise improbable. En 2000, deux frères, Robin et Martin Fell, ont ouvert avec un de leurs amis, Kenneth Shand, le salon de thé Tchai-Ovna. Alors en deuxième année à l'université de Glasgow, ils ont utilisé leur prêt étudiant pour fonder ce lieu, qui est un clin d'œil à leurs ancêtres tchèques-écossais. Dans leur cave coorie, ils servent désormais plus d'une centaine de parfums de thés.

Dans la ville, Tchai-Ovna n'a pas d'équivalent. Des lumières féériques éclairent les murs, les coussins s'écrasent dans les sillons des sièges et le chat des propriétaires règne en maître.

Alors que certains cafés ont adapté leurs menus au goût du jour et troqué le traditionnel breakfast écossais contre des toasts à l'avocat faits avec du pain au levain, Tchai-Ovna persiste à servir des tasses de son célèbre Yogi Yogi Chai Masala. Une salle confortable dédiée au thé a été créée. On y trouve même un grand lit pour faire coorie.

L'emplacement de Tchai-Ovna, sur Otago Lane, n'a pas été sans poser de problèmes. Les résidents et les commerçants se battent pour sauvegarder l'allure bohème qui distingue la rue depuis qu'un promoteur s'est vu accorder un permis de construire pour un immeuble. Ils veulent que la zone préserve une mixité de gens différents et résiste à l'obsession de la municipalité pour le profit.

CD's
OTAGO LANE
W.2.
Tchai-Ovna
house of tea
11 til 11 daily

BEER KITCHEN
WHAT'S ON

TROUVER LE CONFORT EN ZONE URBAINE

Le développement urbain n'implique pas forcément d'effacer une vie passée. Ainsi, les pubs aux murs de brique blanchis à la chaux sur Asthon Lane — à dix minutes à pied de Tchai-Ovna — étaient à l'origine des usines et des étables. Ce qui est devenu le Bar Brel, un restaurant de moules d'inspiration belge, est un ancien garage construit pour abriter une Wolseley vert foncé. Cette voiture appartenait à la Dre Marion Gilchrist qui fut la première élève d'école de médecine d'Écosse. Les clients actuels d'Asthon Lane sont les descendants de ceux qui venaient, il y a plusieurs décennies de cela, boire des verres dans cette rue.

Ashton Lane et Ruthven Lane ont des allures de village et jouent le rôle d'écosystèmes au sein de l'environnement urbain de Glasgow. Dans un décor citadin, ils offrent une ruralité coorie qui aide à se sentir bien. Les villes écossaises ne sont peut-être pas en mesure de rivaliser avec la campagne sur le plan de la beauté naturelle, mais elles ont un intérêt visuel propre. Si on relève la tête en marchant dans les quartiers d'Old Aberdeen ou de Perth's Marshall Place, la ville révèle ses trésors cachés.

WEST PORT

LE PARLOUR À DUNDEE

À Dundee, sur Westport, une rue proche de la Tay, les commerces indépendants se prennent pour des machines à voyager dans le temps. Westport accueille des entrepreneurs locaux depuis le XIXe siècle, quand le numéro 9 appartenait à William Mather, un boulanger qui a ouvert ses locaux au public pour en faire une « salle de rafraîchissement ».

De nos jours, les rafraîchissements se présentent au numéro 58 sous la forme de salades d'orzos et de portions de frittatas servies au Parlour. On n'a aucun mal à localiser les vitres embuées de ce café, quand le soleil commence à se coucher et que son intérieur rougeoie dans l'obscurité.

Gillian Veal, la propriétaire, a étudié les beaux-arts au Duncan of Jordanstone College of Art and Design. Après avoir voyagé en Inde, elle est revenue dans sa ville natale pour lancer un café qui lui permettrait de promouvoir son amour de la cuisine végétarienne contemporaine et les produits qui sortent tout droit de terre.

« Je savais qu'il fallait un café plus moderne à Dundee, raconte-t-elle, mais je n'avais que quatre mille livres sterling en poche. Je ne pouvais pas m'offrir les services d'un chef, alors j'ai commencé à cuisiner moi-même. Végétarienne depuis toujours, j'ai cuisiné ce que je connaissais. Heureusement, ça a plu aux gens. »

La clientèle de Gillian Veal a grossi au fil des années. Désormais, le lieu attire les employés qui travaillent dans les bureaux ou les universités du quartier, mais les premiers clients des débuts du Parlour ont fini par former une famille adoptive pour Gillian.

« Ce qui compte, au Parlour, c'est de partager notre amour et notre passion d'une nourriture simple, explique-t-elle. On a toujours les mêmes clients quinze ans après l'ouverture : ils s'occupaient de mes bébés pendant que je préparais le déjeuner, et j'ai employé certains de leurs enfants. »

DE L'AUTRE CÔTÉ DU MIROIR AU SPEX PISTOLS

Le Parlour donne sur un autre des magasins les plus coories de Dundee. Le Spex Pistols[1] n'est pas visible depuis la rue, mais sa découverte récompense l'explorateur intrépide. Cette boutique d'optique d'inspiration rétro se tient au sommet d'une voie connue pour sa frise murale reconnaissable entre toutes, qui représente une femme des années 1950 portant des lunettes aux montures papillon. Spex Pistols est protéiforme : en partie salle au trésor, en partie cabinet médical, il abrite l'un des gadgets les plus étranges que vous pourrez trouver en ville.

Sur le mur du fond trône un miroir « qui devine votre âge », développé par des concepteurs des universités de Dundee et de Northumbria. Le « Self Reflector » scanne le visage de la personne qui s'y regarde pour déduire son âge et lui passer une chanson de l'année de ses quatorze ans, dans ses enceintes intégrées. Les propriétaires du Spex Pistols ont décrit cette attraction comme le « secret le mieux gardé de Dundee », mais un flot constant de curieux laisse entendre que le lieu est plus connu qu'on voudrait nous le faire croire.

LA LIBRAIRIE COMME DISTRACTION

Les lieux coories des villes incitent à faire de nouvelles expériences. Ils nous permettent de nous connecter à nos amis au milieu d'une masse de gens qui ne font que franchir les limites de la ville dans un sens ou dans l'autre. Chaque ville d'Écosse est le produit des gens qui y vivent et du mode d'expression de chaque résident. Ses espaces coories offrent une distraction au train-train quotidien de l'existence.

Quel meilleur endroit pour rassembler tous ces courants qu'une librairie ? Partout dans le monde, les librairies sont à l'image des rues qui les entourent : l'exotisme nostalgique de Shakespeare and Co., à Paris, ou l'excentricité d'Alley Cat Books, à San Francisco. À Édimbourg, les rayonnages de Lighthouse Books sont remplis de livres prônant une pensée radicale. Anciennement appelée Word Power Books (« Les Livres du pouvoir des mots »), elle a été ouverte en 1994 par l'auteur James Kelman et tenue pendant vingt-deux ans par Elaine

1. Le nom de cette boutique d'optique est un clin d'œil au célèbre groupe de punk rock Sex Pistols. En anglais, *spex* ou *specs* est le diminutif du mot *spectacles*, qui désigne les lunettes.

Henry, qui a aussi lancé une maison d'édition publiant des nouvelles et des anthologies écrites par des femmes.

Désormais propriété de Mairi C. Oliver, Lighthouse Books est à la pointe pour défendre les causes justes. Elle a accueilli une soirée pour récolter de l'argent pour les sans-domiciles de la ville et le sous-sol de la boutique abrite Streetreads, une organisation caritative qui offre des livres aux plus démunis. « Un livre est un lieu où l'on peut s'échapper et trouver du réconfort dans un monde hostile » est la devise de cette association. Je pense qu'on peut tous se retrouver là-dedans.

Si Lighthouse Books donne du caractère à la scène littéraire d'Édimbourg, Leakey's fait de même à Inverness, dans les Highlands. Dans cette ancienne église gaélique reconvertie en librairie, on trouve des livres d'occasion du sol au plafond, certaines piles montant jusqu'au niveau de la mezzanine, qui fait aussi office de galerie. Au cœur de Leakey's, il y a un énorme poêle à bois qui dégage une douce chaleur. Une chaire en bois tient lieu de dernière demeure pour les livres que le personnel garde derrière la caisse.

Ne vous attendez pas à trouver de l'ordre dans cette étoile du nord. Mais ceux qui viennent ici pour se laisser toucher par le charme suranné d'un bouquiniste peuvent oublier leurs tracas durant quelques heures et se laisser absorber par les trésors inattendus trouvés sur les rayonnages.

Quelles que soient les raisons pour lesquelles on se retrouve dans une ville, nos besoins profonds finissent toujours par transparaître. On cherche tous à passer du temps en bonne compagnie. Des endroits où apprendre et où trouver l'inspiration. Pour trouver ces lieux coories, il suffit de porter un nouveau regard sur toutes ces rues qu'on découvre ou qu'on a arpentées des centaines de fois. Une fois qu'on a appris à reconnaître les marques du coorie, la seule chose dont on a besoin, c'est de s'écouter.

LIGHTHOUSE
BOOKS

ARMCHAIR BOO
BOOKS
CORDINER'S LAND
VICTORIAN
ILLUSTRATED
& SECONDHAND
BOOKS
70
72

74
BOOKS BOUGHT & SOLD
CHAVS
ROAD

CHAPITRE 7

LE CAMPING COORIE

Bénis soient les adeptes de la vie au grand air ! Que deviendrions-nous sans eux ? Ils sont toujours là pour nous inviter à partir en randonnée à la montagne ou nous en dire tellement de bien que l'on finit par craquer et les accompagner, un sac de couchage sur le dos.

Le camping, tout comme son cousin maniéré le *glamping* (l'autre nom du camping glamour), se prête parfaitement au coorie. Et le cadre juridique de l'Écosse rend cette activité encore plus coorie : contrairement à l'Angleterre et au Pays de Galles, où les randonneurs doivent respecter certaines limites, en Écosse on peut vagabonder comme bon nous semble. Les mêmes droits s'appliquent quand on passe la nuit sur place, ce qui fait du camping sauvage une des dimensions les plus précieuses du vagabondage. Les randonneurs peuvent partir tranquilles : tant qu'ils ont une tente convenable et qu'ils respectent l'environnement, rien ne peut les arrêter. Et quand vient la nuit, l'aventure est loin d'être terminée. Elle ne fait même que commencer.

PRENEZ VOS PRÉCAUTIONS

Avant d'entamer votre expérience de camping coorie, prenez garde aux lignes écrites en petits caractères.

À cause du nombre de visiteurs se dirigeant vers les zones rurales aux alentours du Loch Lomond, dans la région d'Argyll, un règlement a été mis en place pour limiter le nombre de campeurs. Afin de préserver la beauté naturelle du site, ces derniers doivent faire une demande de permis de séjour dans les endroits particulièrement courus pour la période qui va de mars à septembre.

La seule autre restriction qui s'applique au camping sauvage en Écosse est que l'on doit laisser une zone dans l'état où on l'a trouvée. C'est le *Scottish Outdoor Access Code* qui fixe les lignes de conduite sur la meilleure façon d'interagir avec l'environnement pour en profiter au mieux. Il recommande de rester à l'écart des endroits surpeuplés afin de protéger la terre et il est interdit de couper ou d'endommager des arbres. On ne doit laisser aucun détritus en partant, et les feux de camp, s'ils sont autorisés, ne doivent laisser aucune trace.

Certaines personnes recommandent d'allumer les feux sur le sable ou sur des pierres, par exemple sur les berges d'un fleuve, pour ne pas risquer de brûler l'herbe. Mais si l'herbe est la seule option envisageable, vous pouvez trouver des tutoriels sur Internet qui montrent comment éviter de faire des dégâts.

LES COORDONNÉES

Après avoir pris connaissance des règles locales, planifiez votre trajet et les lieux où vous camperez. Selon moi, la meilleure ressource est le *Wild Guide Scotland*[1], un livre avec une iconographie fabuleuse et des instructions précieuses pour rejoindre certains endroits à pied. Parmi des dizaines de recommandations, les auteurs partagent leur petit secret : le glissement de terrain de Quiraing sur l'île de Skye. C'est un endroit où les campeurs peuvent regarder l'aube se lever « sur des plateaux spectaculaires ». Ils mentionnent également Glen Sannox, sur l'île d'Arran, où les chutes d'eau encadrent la forêt, ainsi que la Lost Valley, à Glen Coe, qui méritent vraiment le détour. Si vos mollets sont à toute épreuve, vous devriez faire à vélo la route Bealach na Bà, pleine de virages en épingle et avec une montée ardue, pour rejoindre le camping d'Applecross, à Wester Ross. Les moins courageux pourront suivre dans une voiture chargée des équipements de première nécessité.

La liste du matériel de camping coorie proposée page 113 part du principe que vous disposez d'un véhicule à partir duquel vous pouvez faire un court trajet à pied jusqu'au site. Vous devrez peut-être renoncer à vous rendre dans des endroits véritablement sauvages si vous tenez à emporter ces accessoires de camping cosy, mais n'hésitez pas à ajuster la liste comme bon vous semble. Elle suggère des idées pour rendre l'expérience plus agréable, car qui a dit que le camping devait être forcément une expérience pénible ? Beaucoup d'entre nous en ont pourtant de mauvais souvenirs.

Globalement, l'idée du camping coorie est de mettre sur pied un joli campement tout en évitant, depuis la voiture jusqu'au site choisi, une marche stressante susceptible d'anéantir les plus solides amitiés en quelques minutes seulement.

La liste n'est en pas exhaustive, mais j'espère qu'elle offre un point de départ que vous pourrez compléter à votre guise. Elle part aussi du principe que vous savez empaqueter toutes les choses dont vous pourrez avoir besoin, du tapis de sol aux allumettes extralongues, sans oublier la nourriture et les boissons indispensables à un festin coorie.

1. Grant, Gaston et Cooper, *Wild Guide Scotland: Hidden Places, Great Adventures & the Good Life*, Wild Things Publishing Ltd, 2017.

LE MATÉRIEL DE CAMPING COORIE

UN SAC À DOS LÉGER, DE QUALITÉ SUPÉRIEURE

Cela fait toute la différence durant la terrible marche depuis la voiture jusqu'au terrain.

DES COUSSINS DE PETITE TAILLE

Il vaut mieux choisir des coussins pas trop épais et de formes variées, et en superposer deux ou trois. Ajoutez des housses assorties. J'aime les coussins en lin, à motifs ou avec des chevrons, tous de la même couleur pour ne pas donner l'impression d'en faire trop.

UNE PEAU DE MOUTON

On peut la rouler et la passer dans les sangles du sac à dos pour plus de confort.

DES COUVERTS ET DES POTS EN ACIER ÉMAILLÉ

Les objets dont le décor évoque des éclaboussures de peinture font un retour en force. Les objets de la marque Falcon, notamment ses assiettes et mugs blancs cerclés de bleu marine, sont un classique du matériel de camping.

UNE GLACIÈRE

Elle va tenir lieu de frigo pour les ingrédients du cocktail coorie. Pensez à poser une pierre ou un morceau de bois sur le couvercle pour décourager les visiteurs nocturnes.

DES SOURCES LUMINEUSES

Accrochez une lanterne à bougie au sommet de la tente, en son centre, pour créer un repère dans l'obscurité. Utilisez des bougies chauffe-plats à piles pour éviter de brûler votre tente.

UN RÉCHAUD ET UN GRIL

Tout a meilleur goût cuit au gril. Cela ne se discute pas.

N'attendez pas le soir pour installer votre camp coorie. Il sera toujours temps de l'apprécier plus tard.
La technologie n'a pas sa place dans le camping coorie : c'est l'occasion de discuter, dans de bonnes conditions, de nous, de l'univers. La présence d'une bouteille de whisky est susceptible d'inciter au bain de minuit. Certains disent que c'est follement amusant.

LES DÉLICES DU CAMPING COORIE

Le principe du camping coorie, c'est de laisser ses gadgets onéreux à la maison et de se sentir « sauvage » le temps du week-end. Il s'agit d'aller chercher de l'eau, de la faire bouillir et de préparer le thé en petites quantités. Ce qui semble une corvée à la maison devient amusant en camping. Décorez votre tente avec des trésors de la forêt jusqu'à ce qu'elle prenne l'allure d'une grotte des bois. Faites des jeux de mémoire.

C'est aussi l'occasion de devenir vraiment doué pour faire des feux de camp. Le feu est notre plus ancienne et plus durable source de chaleur et d'énergie. Faut-il s'étonner que cela soit si important à notre expérience coorie ?

Le camping coorie est une expérimentation permanente. Les recettes improvisées avec ce qui reste dans les sacs à dos font partie de l'amusement. Avez-vous déjà mangé, au petit déjeuner, un sandwich au fromage cuit au feu de bois ? C'est la préparation qui est véritablement excitante : une personne va allumer le feu afin de chauffer la bouilloire pour une tournée de cafés, une autre va mettre la table (c'est-à-dire une bûche qu'on aura retournée), tandis que le chef retourne les sandwichs : le gras coule sur les côtés et l'air embaume d'une odeur de fromage chaud. La radio est peut-être allumée (à faible volume), mais il est plus vraisemblable que tout le monde se réveille tranquillement en écoutant les bruits des bois. Toute planification est proscrite et c'est ce qui rend l'expérience d'autant plus précieuse.

Je vous avais bien dit que le gril était la clef du bonheur !

L'ASTUCE COORIE : pour une source lumineuse coorie qui résiste à la pluie, achetez des guirlandes électriques ou des lots de mini-ampoules translucides à piles. Entourez-les autour de votre main, puis calez-les dans un bocal dont vous fermez le couvercle. Vous obtenez une lampe étanche qui vaut bien un vallon féerique.

LES CINQ MEILLEURS ENDROITS POUR CONTEMPLER LES ÉTOILES EN ÉCOSSE

Borve, sur l'île de Harris

Les côtes ouest des îles de Lewis et de Harris offrent un décor sauvage, des plages de sable blanc et il n'y a pas âme qui vive — en tout cas en hiver. Tentez le camping de Horgabost, situé à une courte de distance en voiture de Luskentyre, la plage qui donne sur l'île de Taransay.

L'île de Coll

Elle est surnommée « l'île au ciel sombre », car il n'y a pas d'éclairage de rue. Sur toute la côte ouest de l'Écosse, c'est là que vous avez le plus de chance d'observer l'aurore boréale. Il existe trois endroits pour voir le ciel sombre, dont la réserve naturelle de la Royal Society for the Protection of Birds (« Société royale pour la protection des oiseaux ») de Totranold.

Galloway Forest Park, Dumfries & Galloway

On dit de la plus grande forêt d'Écosse qu'elle abrite le ciel le plus sombre de toute l'Europe. Elle est située à plus de cent kilomètres de toute ville. Le Scottish Dark Sky Observatory, à Dalmellington, dispose d'un toit rétractable pour faciliter l'observation de constellations, tandis que deux puissants télescopes aident les visiteurs à identifier les étoiles.

Édimbourg

Les sites urbains ne seront jamais au niveau des parcs ruraux lorsqu'il s'agit de regarder les étoiles. Mais les nuits où il n'est pas judicieux d'aller camper, le Royal Observatory d'Édimbourg, sur les pentes herbeuses de Blackford Hill, est une bonne alternative. Si le dôme à télescope victorien de l'observatoire ne vous impressionne pas, les météorites qui traversent le ciel devraient vous émerveiller. Quand la météo le permet, regarder les étoiles se fait en extérieur, depuis le toit plat de l'observatoire.

Glenuig, Lochaber

Pour l'essentiel, les Highlands offrent de belles observations nocturnes, mais le ciel est particulièrement magnifique dans les campings de Glenuig, dans la zone de Lochaber. Les aigles royaux traversent le ciel durant la journée. Quand le soleil passe la ligne de l'horizon, il est temps de faire coorie pour profiter des attractions lumineuses de la nature.

ANGOSTURA
1824
The KRAKEN
BLACK SPICED RUM
Ron
PAMPERO
BLANCO
KOKO KANU
BLACK SEAL
Maker's Mark
BOURBON WHISKY
DAFFY'S
ORIGINAL
EDEN.MILL
ST ANDREWS
GIN
OAK
EDEN.MILL
ST ANDREWS
GIN
LOVE
EDEN.MILL
ST ANDREWS
GIN
Reposado
Jose Cuervo
Especial
PATRÓN
XO CAFE
LIQUORISTERIE de la VANOISE
Génépi
Fabrication artisanale
DISARONNO
DISARONNO
ORIGINALE

CHAPITRE 8

LES PUBS COORIES

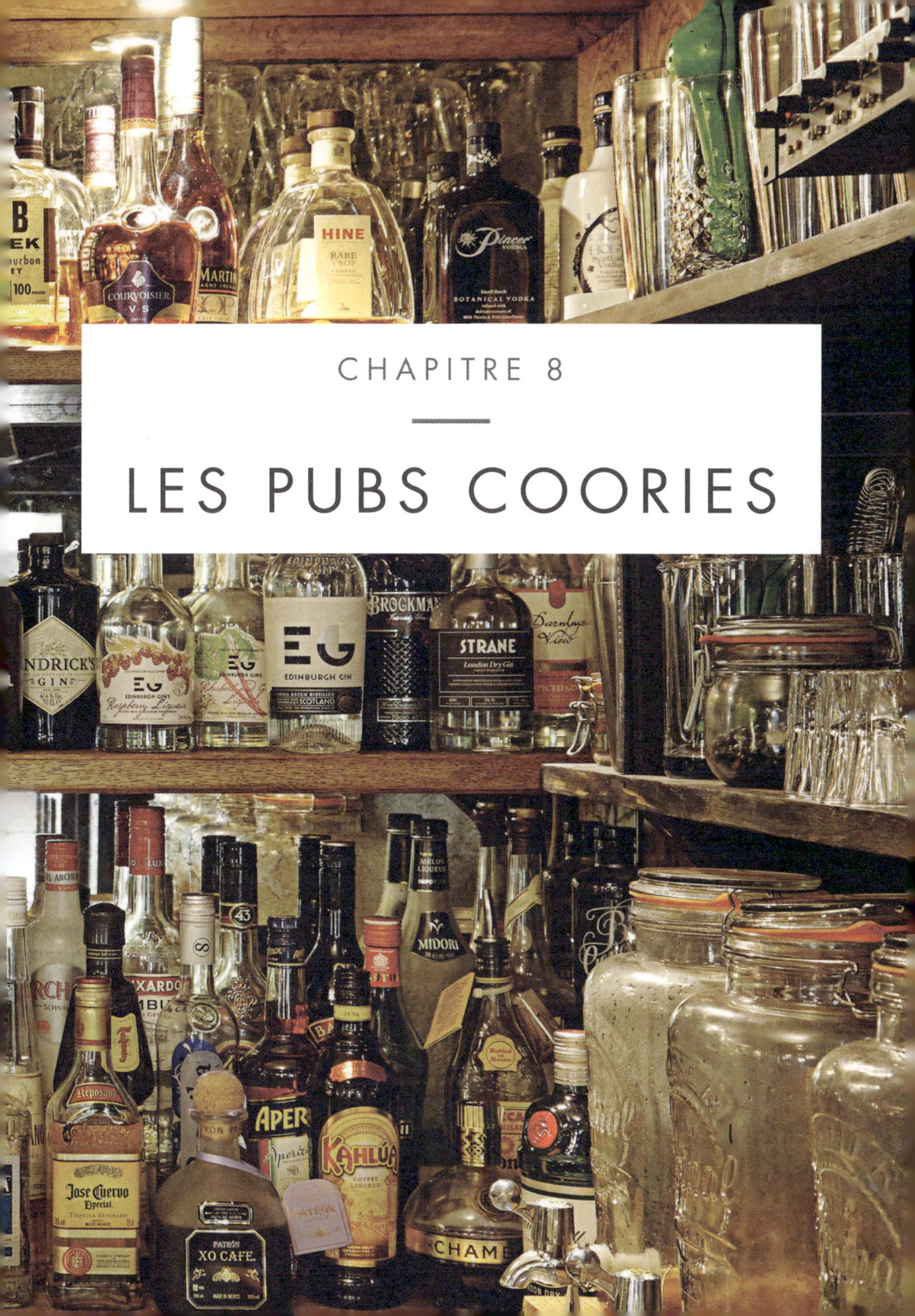

En dehors des pubs écossais, connaissez-vous beaucoup d'endroits où l'on peut observer une telle diversité dans le comportement humain ? Moi pas.

Les pubs sont des lieux de sociabilité, des refuges et, à l'heure du travail flexible et du Wifi gratuit, des bureaux qui ne disent pas leur nom. Le pub est à la fois salle d'audience, cabinet de thérapeute et un endroit où faire sécher ses chaussettes après une dure journée de marche. Des relations vont se nouer et se terminer entre leurs murs. Les chiens de pubs deviennent des stars. Demandez donc à Simba, le chien de Rhodésie à crête dorsale qui arpente les bars de Woodlands Road, à Glasgow.

Une légende prétend qu'il existe cinquante mots différents pour désigner la neige dans certaines langues. Les Écossais ne sont pas en reste pour parler de la boisson. Si vous êtes *hoolit* (« pompette »), *buckled* (« en vrac »), *blazin'* (« éclaté ») ou *steamin'* (« torché »), c'est que vous avez un verre de trop dans le nez. Le lendemain matin, votre tête est peut-être bien *birlin'* (« en train de tourner ») et *sair* (« explosée »). Vous êtes alors *hangin'* (« déchiré »), *rough* (« claqué ») ou bien *due for a spew* (« sur le point de vomir »). Aux yeux de certains, en pareille situation, le seul remède efficace consiste à *get back on it* (« remettre ça »).

L'HISTOIRE DE LA GUEULE DE BOIS

Dans le *Voyage dans les Hébrides*, James Boswell[1] pleure le souvenir d'une nuit bien arrosée avec Samuel Johnson[2] et leur hôte. Même si ce livre a été publié en 1785, les passages relatifs à la boisson montrent que l'angoisse liée à l'alcool est loin d'être spécifique à notre époque.

À l'issue d'une nuit de débauche sur l'île de Skye, Boswell écrit :

« Je me suis réveillé à midi, avec un sérieux mal de tête [...] J'étais très contrarié à l'idée de m'être rendu coupable d'une telle débauche, et je craignais la réprobation du Dr Johnson [...].

Bien vite, Coirechatachan, Coll et d'autres amis se sont rassemblés autour de mon lit. Corrie avait une bouteille de brandy et un verre, et il a insisté pour que j'en prenne une goutte.

"C'est cela, dit le Dr Johnson, faites-le boire de façon qu'il soit de nouveau ivre. Faites cela le matin, que l'on puisse rire de lui toute la journée. C'est bien misérable de la part d'un camarade de prendre une cuite le soir, puis de se glisser discrètement dans son lit sans donner à ses amis l'occasion de s'amuser." »

Loin d'adresser le moindre reproche à Boswell, Johnson s'amuse de sa mauvaise posture. Cela montre que la gueule de bois offre l'opportunité, quel que soit son milieu d'origine, de nouer des liens. Elle est un langage universel qui, à l'instar d'une relique, a franchi l'épreuve du temps.

L'ATTRAIT DURABLE DU PUB

Depuis des siècles, les Écossais se retrouvent autour d'une table pour boire des verres entre amis. L'ancien relais de poste au bord de la route a été modernisé en bar ou en pub, mais l'idée d'origine perdure. Ce sont toujours des endroits où l'on va laisser les pensées se défaire après une dure journée passée dans le monde, des endroits où il est possible d'être à la fois solitaire et sociable.

1. Chroniqueur écossais du XVIIIe siècle, James Boswell est avant tout connu pour la biographie qu'il a consacrée à son ami Samuel Johnson, considérée comme un modèle du genre.
2. Samuel Johnson était un homme de lettres influent du XVIIIe siècle. Il était poète, essayiste, biographe, lexicographe, traducteur et journaliste.

Comme dans de nombreux pays, les pubs qui prétendent être le plus vieux d'Écosse ne manquent pas. Parmi eux, il y a le Sheep Heid Inn, à Duddingston, Édimbourg, où l'on peut consommer de l'alcool sur place depuis 1360.

L'une de mes expressions écossaises préférées, « *to keep the heid* » (« rester calme »), peut être mal comprise par les Écossais au pub. Ne vous arrêtez pas à la honte éprouvée par Boswell le lendemain d'une cuite : à la place, voici certains des pubs les plus coories où aller boire avec modération.

THE DROVERS INN

Inverarnan, dans la région d'Argyll and Bute

Les pubs qui accueillent leur clientèle avec toute une galerie d'animaux empaillés ne courent pas les rues. La collection de taxidermie du Drovers a provoqué d'innombrables *selfies* au cours des ans, en particulier l'ours dans l'entrée qui gronde en montrant ses dents, debout sur ses pattes arrière. À l'intérieur se trouve un microcosme de l'Écosse : tapisserie à motifs, panse de brebis farcie, rutabagas et pommes de terre. Circulent même des rumeurs au sujet d'un fantôme, histoire que ceux qui y passent la nuit se posent quelques questions quand le plancher se met à grincer. L'emplacement de l'auberge explique encore mieux son attrait : elle se trouve non loin du Parc national du Loch Lomond et de la vallée des Trossachs.

THE POT STILL

154 Hope Street, Glasgow

Si le cœur d'Édimbourg regorge de lieux de perdition qui semblent préservés de la gentrification, les lieux où boire des coups dans le centre de Glasgow ont été nettoyés au point qu'ils sont presque méconnaissables. Ne vous arrêtez pas aux bars en sous-sol impeccables et allez faire un tour au Pot Still, établi en 1867, où les single malts sont encore plus nombreux que les clients. Le pub prétend disposer plus de sept cents whiskies derrière son comptoir ; les bouteilles s'entassent dans des placards pleins à craquer et menacent de tomber sur la tête des membres du personnel, qui les empilent provisoirement comme les pièces d'un jeu de Jenga.

THE TOURMALET

25 Buchanan Street, Édimbourg

Dans chaque quartier, il devrait y avoir un pub avec une abondance de frivolités murales. C'est le rôle du Tourmalet, dans le quartier de Leith, au nord d'Édimbourg. Il réussit l'exploit de continuer de faire le bonheur des vieux habitués et d'attirer dans le même temps des bandes de hipsters grâce à sa grande sélection d'*ales*[1] écossaises, du personnel très connaisseur et de son ambiance décontractée. J'ai vu des clients se faire livrer des plats chinois à emporter sur place et s'installer, contents de manger, sous le regard du barman qui ne trouvait rien à y redire.

On devrait applaudir tous les établissements comme celui-là, à qui cela ne pose pas de problème de déroger aux règles trop rigides des pubs.

1. Les *ales* sont des bières obtenues par fermentation haute. Elles sont un goût sucré, corsé et fruité.

HOOTENANNY

67 Church Street, Inverness

Les aventures nocturnes dans la ville la plus au nord de l'Écosse devraient toutes commencer ou se terminer au Hootenanny. À l'instar du Tardis[1], son immense plancher s'articule autour d'un bar garni à ras bord avec des whiskies aux prix raisonnables. Le décor est bien pensé : les murs sont recouverts de pages déchirées de vieux numéros du *Northern Chronicle*, le quotidien local disparu depuis longtemps, et des bougies blanches coincées dans des bouteilles de liqueur vides illuminent les silhouettes des buveurs, comme dans une vieille toile de maître. Un son de cornemuse sort de la chaîne hi-fi. Plus tard dans la soirée, il va céder la place à des sessions folk *live*.

THE OLD BRIDGE INN

23 Dalfaber Road, Aviemore

Ce pub niché dans le Parc national des Cairngorms est un point de chute pour les marcheurs. Mais certains voyageurs font le voyage exprès pour y finir après une journée passée dans les collines. The Old Bridge Inn n'a pas grand-chose de remarquable — ses menus changent des dîners raffinés guindés grâce à des ingrédients simples et familiers — et les poutres au plafond ajoutent une vraie touche Highlands. L'arrière-salle de l'auberge est dédiée à la consommation des boissons autour d'un poêle à bois, avec des tabourets de bar et des tables proches les unes des autres. L'étage est un espace de restauration plus formel.

THE SHIP INN

The Toft, Elie, Leven

Les pubs de la côte ne naissent pas tous égaux. Le succès du Ship Inn repose sur son rejet des clichés décoratifs qu'on trouve trop souvent au bord de la mer. Des rames antiques sont un clin d'œil minimaliste à cette tradition, tandis que des tonneaux en bois tiennent lieu de tables informelles. Ceux qui se retrouvent près des fenêtres ont un poste d'observation sur la plage d'Elie et, quand le

1. Le Tardis est un vaisseau spatial aux dimensions improbables popularisé, tout comme les Daleks, par la série « Dr. Who ».

soleil se couche derrière l'eau, la rive est illuminée de nuances rose orangé. La plupart des options au menu sont sans gluten, alors allez faire coorie dans l'un des fauteuils recouverts de tissu écossais et commandez un bol de soupe avant d'aller marcher sur la plagee.

THE GLOBE INN

56 High Street, Dumfries

Une petite fenêtre avec des mots de Robert Burns gravés sur la vitre évoque l'histoire du Globe Inn. Construit en 1610, son emplacement au fond d'une ruelle qui passe inaperçue depuis la High Street de Dumfries dément sa signification culturelle : le poète d'Écosse était un habitué qui venait y boire de la bière durant un séjour effectué dans la ville pour son travail. De nos jours, l'étable de l'auberge a été convertie en salon, tandis que le bar principal sert de la Burns, une bière blonde à la pression. Les murs de l'ancienne étable sont ornés de portraits anciens ou plus récents du poète, tandis que des vitrines exposent des souvenirs et quelques lettres manuscrites.

CHAPITRE 9

LES JARDINS COORIES

Je suis sûre que cela amuse beaucoup nos amis du monde entier de nous voir foncer dans nos patios et sur nos balcons aux premiers rayons de soleil, tout en nous cramponnant à nos tasses de thé ou de café chaud. « Comme c'est beau ! », se dit-on, même si nos claquements de dents recouvrent nos paroles.

En Écosse, la météo peut varier du tout au tout, même en été. Les Écossais ont donc appris à adapter les jardins, à poser des bancs d'algues pour protéger les pelouses et à installer les barbecues en contrebas pour empêcher le vent de s'y engouffrer.

Tout comme les maisons, le jardin vient illustrer les goûts et les préférences écossais. Ce peut être une salle dédiée à un hobby, une zone de divertissement, une décharge et une démonstration de créativité. Un endroit où prendre une bouffée d'air ou une gorgée de vin — celle des deux dont on a le plus besoin.

Le jardin travaille aussi durement. C'est un endroit où on va aussi étendre le linge, entasser le matériel, les vélos et les échelles, ou encore laver au jet un chien plein de boue. Ceux qui ont des jardins suffisamment grands pour réaliser leurs idées prouvent que les projets peuvent naître en combinant pas mal de ces éléments, parfois même tous.

Les jardins coories disposent tous d'un endroit qui invite au calme et à la méditation.
Un coin coorie pourrait être une grotte de jardin, qui se fond dans le paysage avec des plantes qui grimpent sur des tuteurs, ou un pavillon d'été tout simple, avec un espace où s'asseoir. Un balcon doté d'un siège confortable, d'où vous pouvez tourner votre visage vers le soleil et lire, est un espace coorie parfait. Même une arrière-cour partagée avec un banc peut être décorée de lanternes et de plantes en pots pour invoquer la sensation coorie. Certaines âmes intrépides iront jusqu'à accrocher un hamac pour évoquer la sensation incomparable du temps arrêté.

Les jardiniers qui ont le coorie en tête n'ont pas besoin de chercher l'inspiration bien loin. On peut aisément créer une jungle urbaine sur une terrasse minuscule en ville, grâce à l'aide d'experts ou en échangeant des idées avec des amis qui ont la main verte.

Les jardiniers professionnels recommandent de regarder autour de soi pour voir dans quel cadre va s'intégrer son coin de verdure. Si l'on peut voir les spires d'une immense église en granit ou les feuilles aux teintes cuivrées d'un hêtre, pourquoi ne pas leur faire écho dans les couleurs et les formes choisies pour décorer l'espace.

Cependant, plutôt que d'opter pour l'approche bricolage, de plus en plus d'Écossais font appel à des paysagistes. Le coût n'est pas négligeable, mais on peut glaner des astuces dans des projets conduits par cette profession dans les jardins écossais.

DES POUSSES ET DES FEUILLES

Les jardinières suffisamment grandes pour accueillir des arbustes à croissance rapide sont parfaites pour décorer une terrasse. Mais songez à la lumière reçue par votre espace extérieur. Essayez le feuillage dans les coins ombragés et les herbes dans les zones fouettées par le vent. Une fois établis, les végétaux devraient fournir un abri supplémentaire pour vous protéger, quand vous êtes assis dehors pour boire votre café du matin.

Ensuite, songez à l'arrosage. Faire installer un robinet extérieur qui va vous alimenter en eau depuis le jardin ou la cuisine ne vous coûtera pas plus de cent vingt euros. Cela vous évitera de traverser toute la maison avec un arrosoir menaçant de se verser partout. Les sources lumineuses constituent la touche finale des jardins coories — comme dans la plupart des projets en lien avec le concept. Si votre espace extérieur dispose d'une pagode ou d'une loggia, des suspensions créent un effet de grotte captivant.

MODE GROTTE : ACTIVÉ

Les grottes sont présentes dans les jardins depuis des milliers d'années. À l'origine, elles étaient construites au-dessus de sources sacrées, en Grèce, pour en faire des lieux de culte. Avec le temps, elles ont été installées pour le plaisir des propriétaires fortunés, formant, dans un vaste jardin, un refuge où l'on pouvait boire son thé, seul ou en compagnie. L'aristocratie a passé des années, voire des décennies, à parfaire les salons de jardin avec l'aide d'architectes.

Caves, cabanes, chalets, *bothies* et pavillons d'été sont devenus très à la mode ces dernières années. Ce qui n'est pas très surprenant si l'on songe que l'amour des Écossais pour les grottes est fort ancien.

Les décorations pour une grotte de jardin sont de styles variés, mais il y a une source d'inspiration qui a passé le cap des ans : le bord de la mer. La grotte aux coquillages a une histoire riche et illustre en Écosse, et l'on en trouve de nombreux exemples du XVIIIe siècle à Cockenzie, à Gosford et à Newhailes.

Ces grottes artificielles ont aussi inspiré les jardiniers coories d'aujourd'hui. Son amour pour les grottes aux coquillages a conduit Lady Ann Fraser à en commander une pour Shepherd's House, une demeure de la fin du XVIIe siècle située à Inveresk, près de Musselburgh, où elle vit avec son mari Charles depuis 1957.

UNE MAISON AUX COQUILLAGES

Pour l'artiste allemand Albrecht Dürer, « l'art est vraiment caché dans la nature ». Cette déclaration aurait pu lui être inspirée par le jardin des Fraser. C'est un endroit où arbrisseaux et fleurs colorées ont évolué pendant plus d'un demi-siècle. Les parterres sont un véritable conservatoire de multiples variétés de perce-neige : plus de soixante-dix types identifiés y fleurissent au cours de l'hiver.

En 2013, il était temps d'ajouter à la collection une curiosité produite par la main de l'homme. « Depuis l'enfance, je suis fascinée par les coquillages, dit Lady Fraser. J'ai toujours rêvé d'une maison aux coquillages, mais c'est seulement après avoir vu celle du Jardin botanique royal d'Édimbourg, créée en souvenir de la Reine mère[1], que nous avons décidé de construire la nôtre. »

Le couple a approché l'architecte Lachlan Stewart pour qu'il conçoive leur maison aux coquillages. Ils voulaient une grotte illustrant l'histoire de leurs vies et introduisant des éléments de leur environnement. Presque six mois après le début de la construction, l'ossature de leur maison aux coquillages était en place. L'heure était venue de s'amuser un peu.

« Cinq étudiants des beaux-arts, tous amis de la fille de Lachlan, sont arrivés avec des boîtes de coquilles Saint-Jacques, de patelles et de moules, et on a conçu un design ensemble, se souvient Lady Fraser. On avait aussi récolté des coquillages avec la famille — les moules et les coques ne manquent pas sur la plage de Musselburgh. »

1. C'est ainsi que les Britanniques désignent la mère de la reine Elizabeth II, c'est-à-dire Elizabeth Bowes-Lyon, épouse du roi George VI, décédée en 2002 à l'âge de 102 ans.

Il a fallu fixer chaque coquillage aux murs avec du ciment à carrelage, un processus lent et mûrement réfléchi. Dans chaque coin de la maison aux coquillages se niche un détail choisi pour égayer : les vitraux ont été créés par l'artiste Amanda Mitchell et montrent les fleurs préférées de Lady Fraser.

« La girouette est un hommage à une cane colvert qui avait l'habitude de faire son nid chaque année au sommet de la vieille cabane délabrée recouverte de lierre. Elle y a couvé de nombreux canetons dont elle était très fière, racontent les Fraser. Et la citation sur le banc est de Charles Rennie Mackintosh[1]. Elle dit : "L'art est fleur — La vie est feuille verte. Que chaque artiste fasse son possible pour que sa fleur soit une belle chose vivante, quelque chose qui convaincra le monde qu'il peut y avoir, qu'il y a, des choses plus précieuses, plus belles — plus durables que la vie elle-même." »

1. Charles Rennie Mackintosh est un architecte et un artiste écossais du XIXe siècle. Dans son mouvement, il prône l'étude du motif naturel.

UNE BIBLIOTHÈQUE ET LE LIT D'UNE RIVIÈRE

John Irvine, un Écossais qui a la main verte, a pris plaisir à introduire une structure coorie sur son terrain. La Tikki Hut de John Irvine se dresse dans la partie basse de son jardin, à West Linton dans les Borders, au sud de l'Écosse. Elle marque une pause visuelle entre l'arrière de la maison et la limite du jardin.

« L'idée était de créer un point central qui surplombe le jardin, dit-il. Même s'il y a des arbres pour former un bel arrière-plan, il fallait quelque chose de plus imposant au premier plan. »

Ce « quelque chose » est un pavillon d'été octogonal avec un toit de chaume pittoresque. John l'a construit il y a quarante ans et ce petit édifice continue d'illustrer ce qu'il est possible de faire avec des ressources limitées. Comme il n'avait encore jamais fait de toit de chaume, John a emprunté un livre à la bibliothèque locale pour apprendre par lui-même. Sa première tâche a été de mettre la main sur des roseaux avec lesquels couvrir le toit de la Tikki Hut, qu'il a construite en utilisant des chevrons posés sur les montants en bois de la structure et qui se rejoignent au sommet. Le toit n'était pas la moindre prouesse pour ce chaumier amateur.

« Ça a été un sacré boulot de me procurer les roseaux, mais j'ai fini par les trouver sur les berges de la Tay, dit John. Ils y avaient été installés il y a une centaine d'années, le roseau était alors utilisé pour emballer les matières premières avant l'ère du polystyrène. »

Après avoir localisé une petite entreprise qui vendait les roseaux par lots, et avec l'aide de son livre, John a passé trois mois de l'été 1978 à se familiariser avec l'art du chaume. John a « vraiment procédé par tâtonnements », mais il a gardé une approche détendue de l'apprentissage. « Vous changez d'idées au fur et à mesure — vous n'avez pas le choix, de toute façon », explique-t-il.

Il a déroulé sur la charpente des ballots de roseaux, qu'il a maintenus en place avec des pitons et des baguettes de noisetiers. Chaque année, John fait le tour avec un *leggett* — une pagaie en bois à tête plate — et frappe les ballots de roseaux pour les faire remonter, car ils ont une tendance à glisser avec la gravité.

Il dépose aussi chaque année une couche de vernis sur les murs, qui sont faits de cèdre rouge. S'il n'arrive plus à se souvenir combien la construction du bâtiment lui a coûté exactement, cela n'avait rien d'extravagant.

« Cela ne pouvait pas être très cher, parce que je suis loin d'être riche, dit-il. La raison pour laquelle j'ai construit moi-même ce pavillon d'été, c'est parce que, à l'époque, je ne pouvais pas me permettre d'en faire installer un. »

Il a été récompensé de son travail : cet espace coorie absorbe remarquablement les bruits et la chaleur. C'est un endroit où John et sa femme Laura, aujourd'hui décédée, s'asseyaient l'été pour prendre ensemble le petit déjeuner et un lieu où il apprécie désormais de boire une tasse de thé pour contempler l'œuvre de la nature.

« Je ne suis pas un horticulteur, mais le jardinage est un passe-temps génial, dit-il. Quand vous sortez du travail, vous n'arrêtez pas de retourner les problèmes dans votre tête et vous n'êtes pas dans un bon état d'esprit. Mais alors vous mettez les pieds dehors.

Ma femme me disait : “On dîne dans une heure — va donc faire un tour d’ici là.” Et ça marchait. Vous sortez et, en un rien de temps vous voyez quelque chose qui vous distrait. C’est la plus merveilleuse des thérapies. »

Un jardin va briser le cycle des pensées.

Ciello
KITSCH
KITSCH
EARTH ALE
6n

CHAPITRE 10

LES ALIMENTS ET LES BOISSONS COORIES

Prenez n'importe quel livre de cuisine écossaise et comptez le nombre de fois où vous tomberez sur l'expression « le garde-manger naturel de l'Écosse ». C'est un cliché rebattu, mais il contient une part de vérité.

On a tôt fait de se focaliser sur les aspects négatifs du temps froid et humide de l'Écosse. Mais ce sont ces conditions météorologiques qui vont donner vie à des montagnes de pommes de terre et de framboises — la plus forte production de l'Union européenne.

Les plats coories comprennent des ingrédients écossais nourrissants et qui nous rendent heureux. Ces recettes ne visent pas qu'à nous alimenter. Le jour du Nouvel An, la tarte au steak incarne l'espoir pour les mois à venir. La sauce *gravy* (sauce au jus de viande) qui se fige au milieu des morceaux de steak est un message liquide qui vient nous remercier d'avoir survécu à l'année écoulée.

Les cuisiniers créatifs utilisent herbes, baies et autres joyaux écossais comestibles d'une manière nouvelle et très excitante. L'humble aiguille de pin d'Écosse se fait rudoyer par les chefs pour ajouter de la saveur aux plats. Provenant des forêts et des jardins particuliers, elle offre un moyen tout simple de réinventer des recettes. Et le plus souvent, elle est gratuite.

Le véganisme et le végétarisme sont en train de gagner les rangs de ceux qui étaient carnivores à la vie et à la mort, apportant la preuve des bienfaits d'un mode de vie sans viande. À son tour, cette tendance est en train de recalibrer la production de chefs qui ne juraient jusque-là que par la viande et le poisson. Quand on arpente en soirée le West Port, à Dundee, ou le West End, à Aberdeen, on n'a aucun mal à voir des assiettes de courgettes aux épices ou de chou d'inspiration kimchi sortant des cuisines des restaurants.

On peut manger coorie tout seul dans son coin. Quand on prend plaisir à laisser des traces de fourchettes sur la couche de patate au sommet d'un *stovies*[1] ou que l'on sort seul pour aller grignoter un morceau, le coorie est bel et bien présent. Les études du site de réservation 5pm montrent que, en Écosse, le nombre de personnes qui réserve une table pour une personne pour le dîner a été multiplié par six au cours des cinq dernières années. Les experts font le lien entre cette tendance et notre prédilection contemporaine pour les smartphones. Grâce à eux, on se sent moins seuls lors des dîners en solitaire.

Manger coorie accompagné est une monstruosité d'un autre genre. Du genre bruyant, parfois tapageur, impliquant une veille prolongée, avec un méli-mélo de plats et de verres mal assortis qui s'entrechoquent.

LES AMIS ET LES INCONNUS

Quand j'ai commencé à écrire *Le Livre du coorie*, je suis allée voir un ami qui vit dans le Nord pour me vider la tête. Le soir de mon arrivée, j'ai ouvert la porte de sa cuisine et j'ai été accueillie par la plus délicieuse odeur de dîner mijotant sur le feu, un ragoût de faisans sauvages chassés non loin du domaine. La table en bois rustique était pleine à craquer — des amis de mon ami, mais qui m'étaient tous étrangers, un musicien celtique et son amie, un écrivain venu lui aussi travailler sur un projet et quelques membres de la famille aux personnalités disparates.

Partager des pommes de terre rôties, faire attention à ce que les manches ne prennent pas feu lorsqu'on les voit s'aventurer près des bougies, s'assurer que les enfants ne s'ennuient pas… À la fin du repas, on avait forgé un niveau de camaraderie inouï. Ce que nous avons mangé a joué un rôle important dans cette sensation de rassemblement. La nourriture n'était pas uniquement là pour nous remplir l'estomac. C'était un moyen d'initier la conversation pour éviter les silences gênants et pour témoigner sa gratitude. La vie pourrait difficilement être plus coorie.

---

1. Ragoût de pommes de terre, d'oignons et de viande.

EN FORÊT À LA CHASSE AU TRÉSOR

Quand on part à la chasse aux champignons, on est gagné par une excitation enfantine. C'est la même sensation que lorsqu'on trouve un marron luisant sous une pile de feuilles avec ses camarades d'école. Les meilleurs cueilleurs connaissent tous un coin à champignons et ils se gardent bien d'en partager le secret. S'ils vous en parlaient, ils seraient obligés de vous tuer.

J'ai un ami cueilleur de chanterelles qui vit sur le domaine d'Ardkinglas, dans le hameau de Cairndow, à un peu moins d'une heure à l'ouest de Glasgow. Un matin de septembre, nous sommes partis tôt dans l'Argyll Forest pour voir ce que l'on pourrait y trouver — à ma grande stupéfaction, ces petits champignons orange poussaient partout. Mon ami m'a montré que les plus gros champignons ne sont pas forcément les meilleurs — les rois de la forêt, ce sont les variétés plus jeunes, plus printanières. Cela m'a prouvé qu'il faut savoir ce que l'on fait quand on part à la cueillette, pour choisir les champignons les plus savoureux, mais aussi pour s'assurer de ne pas consommer une espèce vénéneuse. On a fini par en cueillir suffisamment pour remplir deux boîtes. On est rentrés au cottage pour les poêler avec du beurre chaud et du persil, puis on les a mangés sur le chemin du travail. Ce fut un petit déjeuner coorie paradisiaque.

UN RÉGIME ALIMENTAIRE COORIE

La cuisine écossaise a une mauvaise réputation pas toujours méritée. À en croire la presse mondiale, les Écossais se nourriraient exclusivement de barres chocolatées frites. Et les friteries de ma ville natale vendent toujours beaucoup de « pizza crunch » — une pizza pliée en deux que l'on pane avant de la plonger dans de l'huile chaude. Mais pourquoi ceux qui apprécient une « pizza crunch » ne pourraient pas aussi apprécier le chou kale, les brocolis ou les bananes ? Un régime alimentaire coorie se doit d'être varié et d'inclure tous les ingrédients qui font sonner les trompettes de la gastronomie — dans la limite du raisonnable. Un dîner préparé par un chef étoilé au Michelin, une barquette de frites au fromage à emporter en fin de soirée, un bol de soupe *cock-a-leekie*[1]... l'un n'empêche pas l'autre.

1. Une soupe aux poireaux et au poulet.

Quand on fait de la cuisine coorie, l'heure n'est pas à la parcimonie. Dans un monde où la tendance à « manger sainement » menace de tirer un trait sur l'héritage culinaire, la cuisine coorie fait face avec beaucoup de vaillance aux restrictions et aux exclusions.

Pour avoir le coorie en tête quand on cuisine, il faut penser essais, ratages et tentatives réitérées. Interviewer des chefs dans le cadre de mon travail suscite en moi toujours autant de plaisir que de frustration : du plaisir parce que leurs recettes me font saliver, de la frustration à cause de leur approche désinvolte des dosages et du temps de cuisson. Je leur demande : « Combien de temps ? » Ils me répondent : « Aussi longtemps que nécessaire ».

On est peut-être trop soucieux de réussir du premier coup. Quand on cuisine, il est possible de trouver de la joie dans une attitude décomplexée, afin d'expérimenter sans redouter de rater. Mais on est aussi content de manger de la nourriture savoureuse quand on manque de temps, d'argent ou d'énergie. C'est pourquoi trois chefs ont concocté des recettes originales pour lesquels ils livrent leurs techniques dans les pages qui suivent. Ils jouent avec un ingrédient ou un plat écossais typique qu'ils remettent au goût du jour.

VSO HENDERSON

Chef de cuisine à The 78, anciennement l'Harmonium and Mono

« J'essaie de faire en sorte qu'il y ait davantage de gens qui se tournent vers la cuisine végane. C'est pour cela que je veux réaliser une version végane de la cuisine traditionnelle écossaise — avec laquelle j'ai grandi. Cette soupe *Cullen Skink*[1] était le genre de plats dont on préparait de grandes marmites et qu'on mangeait quand on ne pouvait pas s'offrir beaucoup d'ingrédients. C'était toujours un repas excitant pour moi à la maison.

Aujourd'hui, les gens s'attendent à une cuisine d'un certain niveau et, en tant que chefs véganes, il faut qu'on la leur procure. J'essaie de ramener les choses à de la nourriture simple, savoureuse — de ne pas camoufler la saveur des légumes, des céréales et des légumes secs. »

Cullen Skink végane

Ingrédients

- 50 ml d'huile ;
- 1 cuillerée à soupe de margarine (végane) ;
- 1 gros oignon blanc coupé en dés ;
- 2 gousses d'ail, hachées grossièrement ;

1. Dans sa version traditionnelle, le *Cullen Skink* est une soupe épaisse à base de haddock fumé, de pommes de terre et d'oignons.

- 1 poireau coupé en rondelles ;
- 6 pommes de terre maris piper[1], épluchées et coupées en cubes ;
- 400 g de jacquiers en saumure (surtout pas dans du sirop) ;
- 1 l de boisson au soja (n'importe quelle boisson végétale fera l'affaire, mais les plus grasses conviennent mieux pour cette recette) ;
- 250 ml de soja cuisine (ou équivalent végétal) ;
- 1 cube de bouillon de légumes mélangé avec 1 litre d'eau bouillante ;
- le jus d'un citron ;
- 4 cuillerées à soupe de fumet liquide (disponible dans les rayons américains ou exotiques des supermarchés ou sur Internet) ;
- des civettes fraîches ;
- du gros sel et du poivre noir.

Préparation

1. Faites chauffer à température moyenne l'huile et la margarine dans une cocotte à fond épais.
2. Ajoutez les oignons et le poireau, puis faites-les revenir jusqu'à ce qu'ils soient translucides.
3. Ajoutez ensuite les pommes de terre et l'ail, puis mélangez bien pour les napper de matière grasse. Recouvrez-les à hauteur de bouillon. Laissez cuire doucement jusqu'à ce que les pommes de terre ramollissent.
4. Ajoutez le jacquier, le fumet liquide et encore un petit peu de bouillon.
5. Continuez la cuisson pendant 10 à 15 minutes, jusqu'à ce que les pommes de terre et le jacquier commencent à se défaire un peu. Vous pouvez les « écraser » légèrement avec une cuillère en bois pour épaissir la soupe et la rendre plus crémeuse.
6. Ajoutez le reste des ingrédients.
7. Versez la boisson de soja et remuez. Ajoutez la moitié de la brique soja cuisine (ou toute la brique pour un plat plus riche).
8. Laissez cuire 10 minutes, assaisonnez et ajoutez le jus d'un citron.

Avant de servir

Goûtez le *Cullen Skink*. Vous pouvez rectifier l'assaisonnement si vous avez envie qu'il soit plus salé ou plus poivré.

Quand vous êtes prêt à servir, assurez-vous qu'il est à bonne température. Répartissez la soupe dans des bols profonds.

---

1. Ces pommes de terre sont riches en amidon. On peut les remplacer par des bintjes, que l'on trouve plus facilement en France.

BEN READE ET SASHANA SOUZA ZANELLA

Fondateurs du Edinburg Food Studio

« Quand on évoque la cuisine écossaise comme une expression de notre culture, nous devons d'abord admettre que nous n'avons pas d'identité unique. C'est un mélange de différentes cultures qui se réunissent.
La recette est née quand nous avons accueilli le chef colombien Jaime Rodriguez à l'Edinburg Food Studio. L'un des plats qu'il préparait s'appelait *Bollo di Pollo*, autrement dit des boulettes de poulet. Ce qu'on a trouvé excitant, c'est que sa technique pouvait s'appliquer à d'autres plats. »

Clootie Baws

Pour le glaçage

Ingrédients

- 1 oignon ;
- 1 carotte ;
- 1 branche de céleri ;
- 2 gousses d'ail noir ;
- 2 gousses d'ail ;
- des os de pintades fumés ;
- 2 verres de vin rouge ;
- 1 feuille de laurier ;
- quelques branches de thym.

Préparation

Faites cuire 3 heures tous les ingrédients dans une cocotte-minute ou faites mijoter 5 heures dans une cocotte ordinaire. Égouttez, écumez et réduisez jusqu'à en faire un glaçage. Réservez.

Pour la garniture

Ingrédients

- 1 ou 2 pintades fumées ou bien 1 ou 2 blancs de poulet fumés chauds, que vous allez déchiqueter avec les doigts (pour apprendre à fumer la viande, voir p. 237) ;
- 1 oignon ;
- 1 carotte ;
- 1 branche de céleri ;
- 1 gousse d'ail ;
- 2 gousses d'ail noir ;
- 1 oignon sauvage ;
- 1 branche de thym ;
- le glaçage préparé précédemment.

Préparation

Faites sauter tous les légumes, puis incorporez la viande en petits morceaux, détendez avec du glaçage et rectifiez l'assaisonnement selon votre goût. Réservez.

Pour la pâte

Ingrédients

- 300 g de petits pois (les petits pois surgelés de bonne qualité font très bien l'affaire) ;
- 100 g de farine de pois ;
- 1 cuillerée à café bombée de levure ;
- 50 ml (maximum) de bouillon chaud ;
- 70 g de crowdie[1] ou du fromage frais ;
- du sel ;
- 1 poignée d'ail sauvage, sautée ;
- des champignons sauvages sautés (par exemple, des pézizes écarlates) ;
- des pousses de sureau broyées.

Préparation

1. Mettez les ingrédients dans un saladier et ajoutez du bouillon tiède jusqu'à obtenir une consistance pâteuse. Laissez refroidir.
2. Prenez 60 g de pâte que vous aplatissez entre deux feuilles de papier sulfurisé.
3. Retirez le papier, puis prenez 35 g de mélange de viande fumée et placez-le au milieu de la crêpe. Remontez les bords de la pâte vers le haut pour former une petite bourse.
4. Entortillez le sommet de la boulette, puis entourez-la de cellophane pour en faire une boulette ferme. Préparez de la même façon le reste des boulettes. On peut les garder toute une nuit au réfrigérateur ou les congeler jusqu'au moment de les faire cuire.
5. Faites cuire les boulettes 10 minutes à la vapeur. Servez avec le glaçage, de l'ail sauvage sauté, des champignons et des pousses de sureau broyées.

---

1. Il s'agit d'un fromage crémeux à base de lait de vache écrémé, donc relativement pauvre en graisse.

LYNSEY CAMERON

Chef barmaid, Bar Gandolfi

« J'ai appelé cette version du grog d'après un terme dorique que l'on m'a appris. En dorique, *hummel doddies* signifie mitaines, je l'ai modifié en « Humble Doddy » (*humble* signifie modeste). Je trouvais ça à la fois mignon et plutôt bien trouvé. La recette commence avec une dose de votre whisky préféré. C'est plus adapté à un Speyside, plus sucré, ou un malt légèrement tourbeux. Mes préférés sont le Jura, l'Oban 14 — ou le Caol Ila pour le petit coup de fouet fumé en bonus. »

Humble Doddy

Pour la réduction de fruits rouges

Ingrédients

- 100 g de fruits rouges congelés (mûres, framboises et cassis) ;
- 2 tranches de citron ;
- 3 bâtons de cannelle ;
- 200 ml d'eau ;
- du sucre.

Préparation

1. Chauffez les fruits rouges avec les tranches de citron dans de l'eau pendant 20 minutes, jusqu'à ce que la peau des cassis éclate et que les mûres changent de couleur.
2. Égouttez les fruits et chauffez 5 à 10 minutes supplémentaires avec les bâtons de cannelle, puis ajoutez du sucre à votre convenance. On peut garder cette réduction au frigo environ une semaine. Elle se réchauffe facilement.

Pour le Humble Doddy

Ingrédients

- 50 ml de bon whisky ;
- 50 ml d'infusion de camomille ;
- 1 dose de réduction de fruits rouges.

Préparation

1. Mélangez le whisky, l'infusion de camomille et un peu de réduction de fruits rouges maison.
2. Ajoutez d'autres herbes et épices, telles que des clous de girofle, selon votre goût.

CHAPITRE 11

LES TEXTILES COORIES

Volvic
136 J ↑
145 J ↑
146 J ↑

À l'époque où Internet n'était encore qu'un scintillement dans le regard de Bill Gates, le meilleur moyen de dévoiler sa personnalité était de l'afficher à travers les vêtements que l'on portait.

Les éléments utilisés dans la production de textile se trouvent à portée de main en Écosse : depuis l'eau qui alimente les filatures jusqu'aux moutons, si nombreux qu'on pourrait tricoter des chaussettes pour toute une armée. Ce qui explique que les Écossais produisent certains des tissus les plus admirés au monde depuis plus de cinq cents ans.

Pour ce qui est des motifs, de la texture et du style, la variété des textiles écossais est incroyable, mais ils doivent d'abord remplir la mission pour laquelle ils ont été créés, à savoir garder au chaud et au sec celui qui les porte. Historiquement, les textiles étaient tissés à la main de telle sorte que leur durabilité était garantie ; ils n'allaient pas tomber en lambeaux après avoir été portés quelques fois seulement. Après tout, c'étaient les temps d'avant la production de masse, quand se débrouiller avec les moyens du bord était la règle. Pourtant, même quand le métier à tisser et la manufacture mécanisée sont entrés en jeu, les textiles écossais restaient renommés pour leur qualité et leur perfection. Les tisserands écossais mettent peut-être plus de temps que les autres à faire des vêtements, mais l'attente finit toujours par être récompensée.

LES DÉBUTS DE LA TENUE NATIONALE

Pour créer leurs étoffes, les Écossais ont commencé par regarder ce qui les entourait. Ils ont vu de la laine — par sacs entiers — prélevée sur les onze variétés de moutons natifs d'Écosse. Ils l'ont teinte avec les racines des végétaux, avant de la sécher, de la peigner et de la carder. Tout ceci a fini par devenir du fil qu'il était possible de tisser pour en tirer du tartan, du tweed, du tricot et de la dentelle.

Il suffit de toucher du doigt les dizaines de kilts suspendus dans la boutique rétro d'Armstrong, sur Grassmarket à Édimbourg, pour entrevoir les compétences nécessaires à la fabrication de chaque vêtement et à s'interroger sur son histoire. Quand vous portez un pantalon en tweed ou un nœud papillon en tartan fabriqué en Écosse, vous ne vous contentez pas d'afficher un certain goût vestimentaire. Vous vous engagez dans un mode consommation qui fait perdurer l'héritage écossais et préserve le travail des artisans. Les marques écossaises établies ont connu un parcours commercial intéressant ces vingt dernières années lorsque les modes éphémères des années 1990 et 2000 ont changé la façon dont les gens achetaient des vêtements.

On connaît ces dernières années un retour de la « lenteur », et les clients préfèrent investir dans une marque historique.

En 2014, le grand magasin Hobbs a commencé à acheter de la dentelle de MYB Textiles, une filature du comté d'Ayrshire datant de 1913, après que l'un de ses designers a visité l'usine en vacances. Les fashionistas cherchant des modèles en éditions limitées ont également joué un rôle dans la production de Johnstons, le spécialiste du cachemire d'Elgin : « On observe une évolution de la demande des consommateurs, dit David Hamilton, directeur des opérations de la société. Nous sommes dans le métier depuis plus de deux cents ans et nous ne cessons de nous demander à quoi vont ressembler les deux cents prochaines années. »

La production de Harris Tweed était montée à environ 7 millions de mètres de tissu dans les années soixante, mais est retombée à seulement 500 000 mètres en 2009. Toutefois, en 2012, l'Harris Tweed Industry Forum disait avoir connu sa meilleure année depuis quinze ans.

SCOTTS

LE TARTAN

Les premières mentions du tartan remontent à la fin du XVIe siècle, mais il a fallu une centaine d'années de plus pour que cette étoffe de laine tissée soit liée à des familles particulières. À la fin du XVIIIe siècle, le tartan a endossé un nouveau rôle, lorsque les Highlanders, qui n'avaient plus le droit de porter le kilt depuis le Dress Act de 1746[1], ont commencé à l'arborer en signe de rébellion contre les autorités.

Quand l'interdiction de porter du tartan a été levée, en 1782, surmonter la répression qu'ils avaient dû subir a rendu les Écossais encore plus avides de préserver la place qu'occupait le tartan dans leur garde-robe.

On a découvert des versions du tissu à carreaux dans des habitations anciennes partout dans le monde. Selon l'historien du textile E. J. W. Barber, la culture Hallstatt d'Europe centrale, qui a fleuri entre les VIe et VIIIe siècles avant Jésus-Christ, a produit des textiles semblables au tartan. On en a découvert certains dans les mines de sel de Hallstatt près de Salzbourg, lors d'une fouille en 2004.

Ce qui distingue le tartan écossais, c'est le fait que toutes les classes de la société se le sont approprié. La reine Victoria et le prince Albert ont tous deux porté du tartan durant leurs voyages en Écosse ; par la suite, ils ont décoré le château de Balmoral avec des accessoires et des revêtements de sol en tartan. Suivant ces exemples royaux, le monde est devenu fou de la version écossaise du plaid, et le tartan est vite devenu incontournable partout dans les maisons du Royaume-Uni. Plus tard, durant les années 1970, les punks l'ont adopté comme symbole de l'anarchie punk en écho à la posture rebelle des Highlanders. Les kilts, associés à l'hostilité ouverte contre les normes sociétales, ont été la marque de fabrique de Vivienne Westwood[2] à ses débuts. Aujourd'hui, plus personne ne bronche face à une Première Ministre conservatrice vêtue d'un tailleur-pantalon en tartan.

1. En vue d'assimiler les Highlands écossaises et de contenir leurs capacités à la révolte, le Parlement de Grande-Bretagne a voté plusieurs lois restrictives en août 1746, notamment une sur l'habillement qui rendait illégal le port des costumes traditionnels écossais (le tartan et le kilt). Cette loi sera abrogée en 1782.
2. Vivienne Westwood est une créatrice de mode britannique. Elle est surtout connue pour avoir introduit les mouvements punk et new wave dans la mode.

Parmi les adaptations récentes du tartan, citons le kilt de Samantha McCoach, une marque fondée en 2012. Ses touches de punk sur le kilt classique ont remporté la faveur de clients célèbres, dont Kate Middleton — une preuve de plus que la mode est cyclique. Pendant ce temps, partout dans le pays, des familles continuent de porter des kilts plus traditionnels et des pantalons en tartan aux couleurs de leur clan, lors des mariages et des jeux des Highlands.

LE TWEED

Le tweed a été créé sur les Hébrides extérieures[1] pour protéger leurs habitants des hivers rudes. En se servant de leur propre laine, les petits exploitants agricoles tissaient à la main des *clò mór* (« grands vêtements »). À la fin du XVIIIe siècle, le tweed était une source majeure de revenu, notamment grâce à l'exportation vers les terres.

À la même époque, le tweed était aussi produit dans la région des Borders grâce à une myriade de cours d'eau fournissant une source d'énergie aux filatures et facilitant la circulation des matériaux. L'une des principales artères de transports était le fleuve Tweed, le cours d'eau de 150 km de long reliant l'Écosse au nord de l'Angleterre.

Du fait de son caractère imperméable, le tweed a depuis été adopté pour les tenus de travail des ouvriers des grandes propriétés, qui avaient besoin de vêtements d'extérieur résistants afin d'être protégés des orties, des buissons épineux et de la boue. Les domaines différenciaient leurs tweeds de ceux de leurs voisins en demandant aux tisserands de leur proposer des motifs s'inspirant des éléments clefs de la nature sur leur terre.

La marque Harris Tweed s'est mondialisée au tournant du siècle : clle a créé des tissus pour Chanel, Converse et Nike. Il y a désormais toutes sortes d'accessoires produits à partir du tissu — la diversification étant une pierre angulaire de la survie et du succès.

Si les collines d'un domaine offraient des teintes feuille morte du fait de la présence de bruyères, il pouvait y avoir un fil de cette couleur insérée dans son tweed.

1. Les Hébrides extérieures sont un groupe d'îles situées au large de la côte ouest de l'Écosse, au sein de l'archipel des Hébrides.

LES TRICOTS FAIR ISLE

Le pull Fair Isle classique arbore quelques traits distinctifs. Il est tricoté main selon la méthode traditionnelle dite « en rond », avec des aiguilles circulaires à doubles pointes connues localement sous le nom de *wires*. Il est ensuite mis à sécher sur un cadre en bois. Une palette limitée à cinq couleurs est utilisée pour la confection des pulls.

Les tricots Fair Isle illustrent l'histoire socioéconomique des Shetlands. Beaucoup d'hommes sont morts durant la Première Guerre mondiale et les femmes des Shetlands ont dû mettre à profit leurs talents pour le tricot, faisant ainsi de leur hobby une source de revenus. Elles ont pu se reposer sur les pulls pour maintenir leurs familles à flot financièrement. La guerre leur a aussi permis de vendre directement leurs ouvrages aux militaires postés sur les îles, une pratique qui allait perdurer jusque dans les années 1940. Les femmes pouvaient de ce fait obtenir des prix supérieurs, puisqu'elles n'avaient pas d'intermédiaires commerciaux, contrôlant leurs propres affaires.

Ralph Lauren, Karl Lagerfeld et Burberry ont tous revisité le design classique Fair Isle sur leurs défilés de mode.

Sur l'île, l'héritage Fair Isle est entretenu par une poignée d'insulaires qui ont formé une coopérative afin de sauvegarder cette activité. Leurs pulls coories — chaque pull demande au moins trois semaines de travail — peuvent générer des listes d'attente de deux ans.

Pour le tricoteur novice, le style Fair Isle est une compétence qui peut s'acquérir, mais non sans une grande détermination. Tricoter est un art profondément ancré dans la culture écossaise, un art qui requiert patience et engagement. Si vous vous précipitez, vous risquez de mettre en péril le travail de toute une journée. Mais si vous acceptez de prendre votre temps, alors le tricot coorie vous attend.

CHAPITRE 12

LE STYLE COORIE

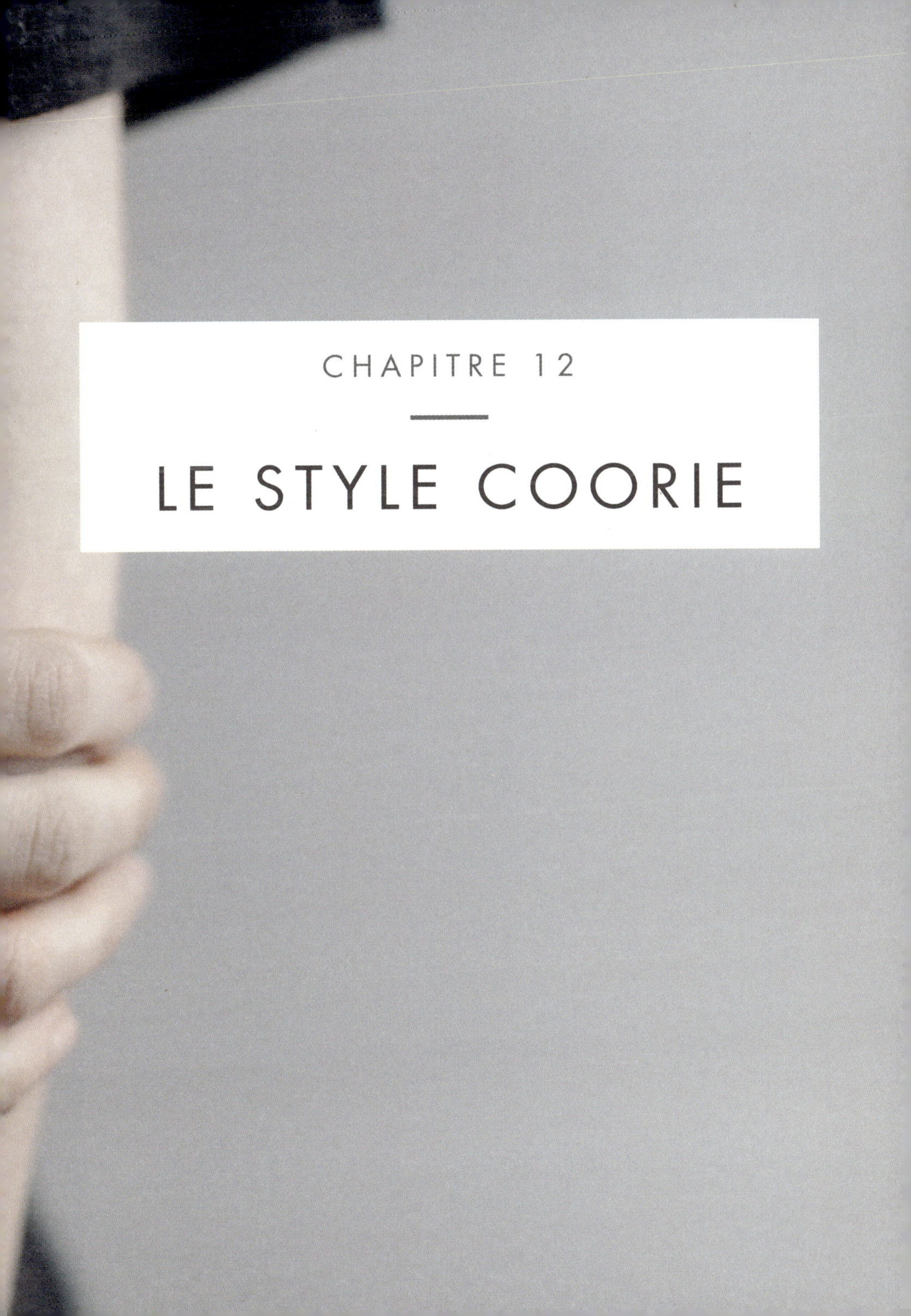

Si le textile écossais est très caractéristique, on ne peut pas en dire autant de son style. Si on évoque souvent les cheveux noués des Danoises ou la passion des Italiens pour les chaussures de luxe, il est plus difficile de trouver un élément aussi marquant pour caractériser le look écossais.

Cependant, en règle générale, les habitants de l'ouest du pays ont tendance à prendre un peu plus de risques. Si vous voulez voir des garçons des beaux-Arts avec des coupes au bol et du bleu à lèvres, rendez-vous au Nice N Sleazy, un bar culte situé sur Sauchiehall Street, à Glasgow. Et pour les femmes les plus glamour de la ville, allez faire un tour au Corinthian — si elles voulaient m'apprendre à me maquiller aussi impeccablement qu'elles, je serais partante.

En revanche, il serait surprenant que vous voyiez une paire de chaussures à talons hauts dans un pub d'Édimbourg un vendredi soir. La tendance privilégie plutôt les bottes en cuir, les pulls coories et une esthétique minimaliste.

En revanche, l'Écosse est pleine à craquer de grands couturiers ! Holly Fulton, Jonathan Saunders, Christopher Kane et leurs semblables ont envoyé leurs créations sur les plus illustres podiums du monde, tout en promouvant subtilement leur pays. Et Kane a collaboré avec Lancôme pour un gloss à lèvres en édition limitée appelé « Burns Night ».

Plein d'autres designers leur emboîtent le pas avec tout autant de flair et d'ambition.

KESTIN HARE

Kestin Hare est issu d'une lignée de créateurs. Son père architecte et sa mère décoratrice d'intérieur ont encouragé le talent de leur jeune fils pour le dessin, mais ce n'est qu'une fois devenu adulte que Hare a déployé son potentiel artistique. Il a créé une marque de vêtements pour hommes à laquelle il a donné son nom et qu'il dirige depuis les locaux du Custom House Leith, un centre de créateurs installé au bord de l'eau, dans le quartier du Shore à Édimbourg.

La production de Kestin Hare s'inspire directement de l'Écosse. Tous les pantalons sont étanches et de nombreux modèles sont faits à partir de Harris Tweed, auxquels il donne une touche contemporaine — notamment avec des jambes larges. Un partenariat récent avec la marque de chaussures Superga a donné vie à des baskets étanches en coton et ortie.

La boutique sur deux étages de Kestin Hare au Shore incite à la collaboration dès que l'occasion se présente. Aux côtés de ses vêtements, on peut voir des impressions murales de Risotto, maison de couture de Glasgow, ainsi que des montres minimalistes de la marque Instrmnt.

« Il est important que l'on essaie de complémenter [notre travail] avec d'autres produits, explique Kestin Hare. L'occasion nous est donnée d'exposer de grands designers et des marques engagées à montrer l'Écosse sous un jour différent. »

Environ 70 % des vêtements de la marque sont réalisés au Royaume-Uni. Les vêtements d'extérieur Kestin Hare sont cousus à Cumbernauld, dans la région du North Lanarkshire, tandis que les tricots viennent d'Annan, Dumfries et Galloway. La logistique qu'implique de diriger une affaire avec un éventail aussi large de productions signifie qu'il n'est pas toujours réaliste de fabriquer tous ses vêtements en Écosse, mais Kestin Hare espère bien y remédier bientôt.

« Ces vingt dernières années, ce n'était pas facile de se faire un nom dans la mode, dit-il. Mais on assiste à une renaissance dans la provenance et la fabrication. Les gens produisent de nouveau des choses de leurs mains. »

CUSTOMS
WHARF

HILARY GRANT

Hilary Grant a écrit *Knitting from the North* (« Tricoter dans le Nord »), un guide sur la façon de revisiter des concepts déjà anciens. Installée dans l'archipel des Orcades, cette designer propose des motifs originaux pour ses chapeaux, mitaines et écharpes.

Le fait d'avoir partagé ses dessins avec le public n'a pas affaibli la demande pour ses collections plus récentes. Que ce soit au Japon, en Chine ou aux États-Unis, les détaillants réclament de mettre en rayons ses articles inspirés d'endroits aussi divers que les portes de cabanes ou les cycles de la nature.

Née dans le comté de l'Ayrshire, dans le sud-ouest de l'Écosse, Hilary Grant a emménagé avec son compagnon sur l'île de Mainland, dans les Orcades, pour y créer sa société de design en 2011. Leur studio produit des couvertures, des écharpes, des gants et des chapeaux à pompons aux formes inspirées par les vagues, qui donnent une idée du décor du couple.

« Ce qui me plaît dans le fait de vivre dans les Orcades, c'est la sensation de liberté qu'on n'a pas toujours quand on est Glasgow ou à Édimbourg, dit Hilary Grant. On se soumet soi-même à la solitude comme les moines, et je trouve que ça apporte beaucoup au processus créatif. »

La position centrale occupée par les Orcades entre l'Écosse, l'Islande et la Scandinavie a aidé à fonder l'esthétique du travail de la designer. L'influence nordique marque ses collections. Cette inspiration est mise en évidence par les noms qu'elle donne à ses vêtements (des noms de lieux) et par les couleurs utilisées, qui évoquent les embruns. Le sud de l'Écosse n'est pas en reste, puisque Hilary Grant fait appel à une manufacture familiale des Borders pour produire tous les accessoires du studio, ce qui se traduit par des collections dont la trame partage tout un lexique.

« Il y a apparemment un certain langage dans mon travail à travers les effets visuels des couleurs qui se mêlent aux motifs, dit-elle. »

CECILIA STAMP

Il n'est pas donné à tout le monde de percevoir la beauté d'un collège ecclésiastique en ruine, sur l'île du Firth of Clyde. Mais Cecilia Stamp n'est pas n'importe qui. Cette joaillière basée à Glasgow a étudié l'art de l'argenterie à l'Edinburg College of Art avant de faire un master sur les textiles imprimés à Heriot Watt, à Galashiels. Après avoir travaillé comme designer pour d'autres marques, elle a décidé de lancer sa propre affaire. Avec moins de dix ans de métier dans l'industrie du design, cela témoignait d'un certain culot.

« J'ai décidé de me remettre à la confection de bijoux après avoir réalisé à quel point le processus d'expérimentation des matériaux et la fabrication manuelle me manquaient, dit-elle. Mon travail trouve son origine dans un amour du fait main, notamment la machinerie, l'emballage et l'architecture moderniste, telle que St Peter's Seminary[1], à Cardross. »

Fille de l'historien de l'architecture Gavin Stamp, Cecilia laisse filtrer dans son travail la passion de son père pour les édifices. Elle a récemment créé toute une gamme de bagues inspirée par Alexander Greek Thomson, architecte originaire de Glasgow et qui œuvrait au milieu du XIXe siècle. Le père de Cecilia a monté une association chargée de promouvoir l'œuvre de ce dernier.

Désormais, les pièces inspirées par Thomson trônent aux côtés de boucles d'oreilles et de colliers qui mélangent émail et métaux précieux. Son approche audacieuse et volontiers provocante subvertit la joaillerie, trop souvent perçue comme un simple ornement.

« L'une de mes premières collections explorait le design graphique des emballages de produits hygiéniques pour femmes, dit-elle. Cela a déclenché un amour pour l'exploration de matériaux jugés repoussants pour en tirer quelque chose de désirable. »

1. Le séminaire catholique de St. Peter est un bâtiment construit après-guerre. Aujourd'hui désaffecté, il est classé monument historique et devrait être bientôt rénové.

T

TRAKKE

La première fois qu'Alec Farmer a traversé les Highlands en voiture, il en est tombé amoureux. Originaire du Derbyshire, il s'est installé en Écosse pour étudier l'art graphique à la Glasgow School of Art, mais il reconnaît qu'il n'avait « pas du tout idée qu'on avait des montagnes aussi grandioses au Royaume-Uni. J'ai été inspiré par la découverte de ce paysage ».

Cycliste enthousiaste, Alec Farmer a dessiné un sac à dos léger et capable de supporter les intempéries lors de ses escapades en vélo. Il en a ensuite fait quelques centaines, qu'il a vendues sur un petit stand sur le marché de Barras. Et maintenant ? s'est-il demandé.

La réponse, c'est la création de Trakke, une marque destinée à la vie en extérieur. Oubliez vos idées reçues sur le matériel de randonnée : Alec Farmer crée des accessoires qui restent beaux, quel que soit le nombre de fois où vous les traînez en haut d'une montagne.

« On a troqué mon salon pour un énorme atelier à Glasgow, plein de machines industrielles qui nous permettent de faire les sacs de la meilleure qualité possible, dit Farmer. On expédie désormais notre gamme de sacs à dos et de sacoches partout dans le monde — de l'Antarctique à l'Asie. »

Les sacs en toile cirée Trakke sont confectionnés à partir de tissus fabriqués à Dundee, dans l'esprit du tissu inventé par les pêcheurs écossais pour leur permettre de rester au sec lors de leurs sorties en mer. Les boucles en acier inoxydable sont indestructibles et la toile est ultrarésistante.

L'environnement de son milieu professionnel a peut-être changé, mais la philosophie de Alec Farmer est toujours la même que du temps où il tenait un stand au marché de Barras. « Quand des personnes avancent dans la même direction, elles créent un mouvement, dit-il. C'est l'idée de notre marque. »

MATI VENTRILLON

Dans une vie antérieure, Mati Ventrillon travaillait comme architecte au Venezuela, son pays natal. Aujourd'hui, elle fait revivre les techniques de tricot historiques des Shetlands depuis Fair Isle, l'île la plus reculée du Royaume-Uni.

Avec une population limitée à cinquante et un habitants, Fair Isle et ses petites exploitations agricoles sont bien éloignées des contrées tropicales d'Amérique du Sud.

Pourtant, Mati Ventrillon a été attirée par la beauté sauvage du lieu et a commencé à travailler avec des historiens sociaux pour en savoir plus sur l'héritage textile de l'île.

« Le tricot a fait son apparition ici il y a plus de deux cents ans sans jamais disparaître. Plus je me renseignais sur l'histoire de l'île, plus cela a attisé ma curiosité, dit-elle. J'en suis tombée amoureuse et j'ai décidé que c'était cela que j'allais faire. »

Pendant un an, elle a participé à un atelier hebdomadaire à Londres et passait sept jours par mois en Angleterre pour apprendre comment faire tourner son nouveau commerce, avant de revenir trois semaines à Fair Isle pour élever ses deux enfants.

Le jeu en valait la chandelle. Quand elle a lancé sa société, la designer a remarqué qu'il n'y avait pas de pulls Fair Isle disponibles sur Internet.

Les motifs de Mati Ventrillon s'inspirent de dessins originaux des années 1850 avec de la laine des Shetlands filée sur des machines à tricoter des années 1960 pour faire des chandails, qu'on appelle *ganzies* dans le dialecte des Shetlands. Maintenant que son entreprise est installée, Mati Ventrillon a de nouveau tourné ses idées vers la communauté.

« L'idée est de continuer à transmettre ces talents, dit-elle. Nous voulons montrer que l'on n'est pas obligé d'aller directement dans une maison de couture après avoir fini ses études. »

CHAPITRE 13

LES FABRICANTS COORIES

WOMAN
WILDERNESS

Une maison coorie est une jolie maison où l'on se sent bien. Un canapé moelleux et un mug rempli de thé bien chaud peuvent illuminer la plus sombre des journées. Il doit bien y avoir une raison pour laquelle on finit par s'attacher à certains éléments dans nos maisons, que ce soit le fauteuil de papa où la terrifiante marque de ses fesses s'imprime un peu plus chaque jour, ou bien une cuillère en bois avec un manche parfaitement façonné.

Les intérieurs coories sont ceux qui élèvent l'esprit. Les espaces stériles ou trop encombrés ne sont pas très coories, parce qu'ils ne nous donnent pas envie d'y passer du temps avec les gens qu'on aime. Des designers tels qu'Alistair MacAuley et Paul Simmons, les fondateurs des Timorous Beasties, apportent une touche originale dans des maisons du monde entier avec leurs papiers peints et leurs tissus maximalistes. Dans leurs designs, on retrouve des chardons — emblème intemporel de l'Écosse — mais aussi des tours d'immeubles. Leur façon d'interpréter leur environnement montre que l'on peut remplir des maisons coories avec des éléments inattendus qui pourtant nous ressemblent. Les designers présentés ici n'ont pas peur de braver les conventions.

Le coorie, c'est comme un petit câlin, que ce soit avec une personne ou emmitouflé dans une couverture.

CATHERINE JOHNSTON

Catherine Johnston est une femme des bois. Non seulement cette designer multidisciplinaire fait des tables à partir de morceaux de bois, mais elle utilise ce matériau pour faire connaître le monde naturel à autrui.

Son entreprise, Object Company, est née de son désir de travailler avec ses mains. Afin d'y parvenir, elle a déniché un arboriculteur près de la Mount Florida Gallery and Studios, à Glasgow, qu'elle a fondée en 2014. Le bois des arbres tombés dans les parcs et jardins de la ville est rassemblé et vendu aux créateurs comme Johnston. Et puis elle a envisagé son esthétique — le minimalisme était crucial, mais elle souhaitait aussi que ses pièces aient une qualité tactile.

« Les arbres ont rarement été bien entretenus et offrent les plus belles irrégularités qui soient, même si elles ne sont pas sans poser problème, explique Johnston. Le bois est souvent à l'image du paysage, puisqu'on permet aux arbres de pousser naturellement, de devenir noueux et de prendre une forme irrégulière sous les assauts d'une météo souvent extrême. »

Les rondins de bois sont découpés en petites planches, chacune étant soigneusement évaluée pour former le point de départ d'un projet. Une fois que Catherine Johnston s'est décidée sur la pièce qu'elle va créer, elle laisse le bois sécher lentement à l'air libre, avant de le découper, de lui donner une forme et de le finaliser, le tout à la main.

Chêne teinté ou bois d'ébène, orme blanc de montagne ou bien houx vont devenir des lots de cuillères, des planches à découper, des couteaux à beurre et des cuillères de service. « Chaque pièce est conçue avec un objectif en tête, dit-elle de son travail. Je ne fais que des objets qui vont contribuer positivement aux fondamentaux de la vie quotidienne. »

Enseigner ce processus est au cœur d'Object Company. Catherine Johnston accueille ainsi des ateliers dans lesquels les participants acquièrent des compétences sur le travail du bois.

OBJECT
COMPANY

LaB6
SCENTED ELEMENTS
HAND POURED CANDLE

LES BOUGIES LaB_6

L'Écosse a des reliefs et des paysages si variés. Cela s'accompagne aussi d'une très grande variété de paysages olfactifs.

Les bougies incarnent peut-être le summum du *hygge*, mais les Écossais ne manquent pas de ressources lorsqu'il s'agit de faire de petits objets d'alchimie en cire.

Après avoir travaillé dans des laboratoires cliniques pendant des décennies, Murray Hamilton a changé de métier.

« LaB_6 a débuté comme une expérience fortuite et a fini par devenir une passion, dit-il. Il m'a fallu presque un an pour parfaire le processus de fabrication et il était important pour moi que les principales senteurs signatures reflètent mon amour et mes souvenirs de mes lieux préférés en Écosse. »

Il suffit de plonger son nez dans n'importe laquelle de ses bougies pour visualiser le parc des Cairngorms après la pluie, ou bien les algues qui sèchent sur les rochers d'une plage des Hébrides.

Dans un monde où le marché des parfums domestiques est devenu saturé, Murray Hamilton veut que la vie reste simple. Son point de départ consiste à déterminer quelles senteurs du quotidien marchent le mieux dans la maison, puis de ramener chaque parfum du paysage au laboratoire.

Toutes les bougies LaB_6 commencent leur vie sous forme de mélanges d'huiles de parfums et de flocons de cire minéraux. Après avoir mélangé et réchauffé les ingrédients, la préparation est versée dans des béchers en verre recyclés — qui vous rappelleront le lycée — puis on laisse reposer.

« Se promener dans les forêts de pins des Highlands et sur les plages des îles ou simplement marcher sur le jardin de mon grand-père avec ses fruits rouges qui poussent : voici les odeurs que j'aime et dont j'ai envie chez moi », explique l'ancien scientifique.

ARAMINTA CAMPBELL

La plupart des beaux tweeds contemporains sont fabriqués sur des métiers manuels, comme il y a deux cents ans. Araminta Campbell s'assure que l'avenir de ces textiles reste fidèle à leurs origines, tout en les accommodant aux goûts du jour.

Cette tisseuse native de la région d'Aberdeen, dans le nord-est de l'Écosse, possède un de ces métiers manuels datant de quelque deux cents ans. On lui doit des coussins, des écharpes et des châles en cachemire délicats, qu'elle vend depuis sa boutique en ligne, mais aussi du tweed sur mesure dont des clients de toute l'Écosse lui passent commande.

Des clans dont le tweed n'a pas varié depuis des siècles demandent à Araminta Campbell de s'inspirer du paysage de leurs domaines et d'en reproduire les couleurs dans un motif modernisé. Ces nouveaux tissus peuvent alors être transformés en vêtements, articles ménagers ou tapisseries.

« C'est comme si je développais de nouvelles façons de faire de vieilles choses — en utilisant ce que le passé a de meilleur à m'offrir pour créer des pièces magnifiques qui sont adorées aujourd'hui et le seront encore demain, explique Araminta Campbell. Il s'agit de valoriser le style plutôt que la tendance et de faire des produits qui vont résister à l'épreuve du temps. »

Plus récemment, elle a développé sa ligne pour y inclure des articles de luxe, dans le cadre de sa collection Minta. Des toisons d'alpagas vierges qu'elle se procure d'un peu partout dans le Royaume-Uni sont filées et tissées dans des filatures des Borders.

Ses produits tissés à la main équilibrent et mêlent la forme et la fonction ; malgré leur texture duveteuse, ils sont faits pour durer. « Mes pièces sont faites pour être utilisées et appréciées, dit Araminta Campbell. Il faut prendre son temps pour apprécier et comprendre mon travail, et je pense que c'est ce que les gens recherchent de plus en plus. »

NATALIE J. WOOD

Nathalie J. Wood a cultivé une esthétique qui emprunte au minimalisme japonais, mais elle reste attachée à l'identité écossaise.

Pas besoin de quitter l'Écosse pour produire des objets en céramique recherchés dans le monde entier. Ce principe imprègne l'œuvre de Natalie J. Wood, installée à Kirkcaldy, dans la région de Fife, et qui a étudié le design à la Gray's School of Art d'Aberdeen.

« En voyant mon travail, la plupart des gens pensent que c'est un mélange d'influences japonaises et scandinaves, dit Wood. Mais je ne suis jamais allée au Japon et je n'avais jamais mis les pieds au Danemark avant l'année dernière. »

Si elle n'a pas l'occasion de quitter l'Écosse, cela n'empêche pas Natalie J. Wood d'imaginer comment les voyages pourraient influencer ses céramiques. Rêver de cultures avec lesquelles elle n'avait pas été en contact l'a conduite à sa première réalisation, Detsu, un ensemble pour la table comprenant des récipients, des carafes et des assiettes aux couleurs claires.

Travailler l'argile permet à la designer d'évoquer le passé — les techniques de coulée n'ont pas changé depuis des siècles — tout en s'imprégnant du monde qui l'entoure. Ses expériences lui donnent encore plus d'espace pour se développer et explorer : ses amis disent qu'elle est pragmatique, et c'est ce trait qui transparaît le plus dans son travail.

Contribuer à la « culture du jetable », comme l'appelle Nathalie J. Wood, est une pratique qu'elle essaie d'éviter, à cause de la nature inflexible d'une argile finie.

« C'est difficile de recycler des céramiques après les avoir cuites : elles deviennent quelque chose de permanent et d'incontournable qui va servir à plusieurs générations, explique-t-elle. J'essaie de respecter cela en gardant en tête la citation du designer textile William Morris : "N'ayez rien chez vous qui ne vous soit pas utile, ou que vous ne trouviez pas beau." »

IONA CRAWFORD

Allongée sur le sol de la forêt, les yeux braqués sur la cime des arbres, Iona Crawford n'imaginait pas qu'elle était en train de semer les graines de sa future carrière de designer de produits de luxe pour la maison.

Vingt ans plus tard, son amour pour le monde qui l'entoure n'a pas faibli, mais elle a aussi un nouveau talent : sa capacité de se fier à son instinct pour les affaires.

« Durant mes études à l'Edinburg College of Art, mes parents m'ont encouragée à passer du temps dans notre ferme à dessiner du bétail et des oiseaux, ce qui relevait du défi, dit-elle. À la fin, j'ai décidé d'ôter tous les dessins figuratifs de mon dossier de fin d'études et d'y mettre mes dessins de la ferme. Ils faisaient partie de mes racines. »

C'est parce qu'elle est restée fidèle à ses racines que les papiers peints et tissus luxuriants de Iona Crawford réjouissent sa clientèle, en Écosse comme aux États-Unis.

Dans sa dernière collection, le papier peint kaléidoscopique Wilderness évoque les paysages que l'on peut voir depuis Barr Wood, à Stirling, une ville proche d'Édimbourg, près de l'endroit où elle a grandi.

Récemment, elle a collaboré avec le chef étoilé Andrew Fairlie pour créer « Our Secret Garden », une ligne d'articles ménagers inspirés par les fruits et légumes qui poussent dans un potager victorien préservé, dans la région du Perthshire. Du lin, du velours sérigraphié et du daim sont les tissus utilisés par la marque de Iona Crawford, tandis que les revêtements muraux aux motifs picturaux enveloppent magnifiquement une pièce.

« J'aime prendre une chose en deux dimensions et en tirer une pièce en trois dimensions, dit la designer. Cela me permet de regarder les impressions avec un regard neuf, comme si j'y ajoutais une quatrième dimension. »

CHAPITRE 14

LES REFUGES COORIES

Regarder le jour se lever au sommet d'un munro *devrait être remboursé par l'assurance maladie !*

Mon secret pour être en forme, c'est l'association de la campagne et de l'absence de réseau téléphonique. Si j'ai envie de rester dans une cabane au bord d'un loch à faire coorie quand le temps est lugubre, avec un magazine sans intérêt, rien ne m'en empêchera. J'aime aussi me réveiller tôt, tirer les rideaux et sentir les rayons du matin sur mon visage. C'est peut-être l'occasion idéale pour une course de montagne — en tant que participante ou bien comme observatrice —, surtout dans des endroits comme Sligachan, sur l'île de Skye. Ce site accueille en été la course de montagne Glamaig : les participants viennent du monde entier pour une ascension éreintante, 800 mètres de dénivelé sur 6 km de torture, mais l'euphorie règne quand on franchit la ligne d'arrivée. Après une pinte au Sligachan Hotel, retournez dans votre cottage pour y savourer des pâtes au fromage bien méritées et observer les étoiles.

En Écosse, chaque mois, de nouveaux endroits pour passer une nuit dans la nature font leur apparition ; certains vont rester des secrets bien gardés, mais d'autres sont tellement recherchés qu'il faut réserver des mois à l'avance. Voici quelques-uns de mes préférés.

AIRSHIP 002

Drimnin, les Highlands

Quand vous avez une idée ahurissante, il faut une certaine détermination pour la mener à bien.

La détermination, l'architecte Roderick James l'a dans le sang. En 2010, il a imaginé comment faire rentrer le bothy (voir p. 81) dans le XXIe siècle dans un pitch pour décrocher un contrat lui permettant de concevoir des cabanes en milieu sauvage. Soucieux de créer un bâtiment qui ne se dégraderait pas, James a transformé le sol et les murs en bois du bothy en une sorte navette spatiale en aluminium. L'espace devait être chaleureux et fonctionnel, mais le reste était ouvert à l'interprétation.

James s'est planté avec son pitch, mais cela n'a pas entamé sa détermination ! AirShip 002 a été construit sur le flanc d'une montagne au nord-ouest des Highlands. Ce chalet unique ne pourrira pas, ne rouillera pas et ne souffrira pas des conditions météorologiques.

On y accède par un petit sentier dissimulé par des arbustes, qui révèle petit à petit une nacelle en acier inoxydable avec le devant et l'arrière vitrés. Depuis la terrasse, on peut distinguer la silhouette des arbres sur l'île de Mull, juste en face.

À l'intérieur, l'ambiance conjugue calme et modernité. Un lit double à rideaux est installé près d'une cloison qui sépare la « chambre » du séjour. Cela crée un effet de poupées russes, avec une zone coorie à l'intérieur d'une autre zone coorie. D'un côté du lit se trouvent des hublots à travers lesquels on peut observer les étoiles en s'endormant.

L'AirShip est raccordé à l'eau courante et alimenté en électricité. La cuisine dispose d'un four à micro-ondes et la salle de bains d'une cabine de douche de taille confortable. Pourtant, la sensation de vie sauvage demeure, malgré tout ce confort moderne. Il suffit d'écouter les chouettes ou de regarder un orage frapper le détroit de Sound of Mull pour se rappeler que l'on est au cœur de l'Écosse sauvage et pourtant bien à l'abri dans une cabane vitrée.

NATURAL RETREATS JOHN O' GROATS

John o' Groats, Caithness

Perché au coin le plus au nord-est de l'Écosse, un hameau de vingt-trois pavillons vient taquiner le paysage austère. Ces nacelles autoalimentées sont voisines de Natural Retreats John o' Groats, une demeure seigneuriale blanchie à la chaux, construite en 1875 et soigneusement restaurée en 2013 pour devenir un hôtel.

Les murs et accessoires des appartements, pavillons et chambres de cet hôtel autosuffisant ont été tapissés avec du Harris Tweed. Le lustre du foyer principal est un ancien panier à homards. Si tous ces indices ne vous suffisent pas à situer l'endroit, un pêcheur local a accroché des guirlandes lumineuses sur le bâtiment.

La société GLM Architects a ajouté une dépendance colorée au bâtiment principal et a habillé les pavillons avec du mélèze qui a poussé en Écosse et qui a été manufacturé à Inverness, dans le nord-est du pays. Cette dépendance, comme les pavillons, est conçue pour supporter le vent glacial qui vient de l'Arctique et est dotée de baies vitrées offrant une vue très étendue, depuis le détroit de Pentland Firth jusqu'à l'archipel des Orcades.

Donner du caractère au site de Natural Retreats était un défi énorme, mais les architectes d'intérieur ont su créer un espace à la mode où l'on se sent chez soi en le parsemant de quelques touches personnelles. Les œuvres d'art et les photographies qui décorent les espaces partagés illustrent l'histoire du bâtiment, tandis que de grands hublots placés à hauteur d'enfants offrent des vues splendides sur l'extérieur.

Une boutique permet de se procurer des vivres pour son séjour, mais les prix sont plutôt élevés ! Le mieux, c'est de faire ses courses à Wick (25 km) ou Thurso (30 km) avant d'arriver. Ensuite vous pouvez consacrer vos journées à marcher, à lire ou à visiter la ferme aux animaux Puffin Croft, dans le village, pour passer un moment avec les chèvres Chickpea (« Pois chiche ») et Cauliflower (« Chou-fleur »).

Au bout de la plage de galets, un sentier commence au pied du phare de Duncansby Head et longe le sommet de la falaise dont on peut voir les formations rocheuses des Stacks de Duncansby monter vers le ciel. Le soir, allumez le poêle et regardez le paysage tandis que la nuit assombrit les coins du ciel.

L'ASTUCE COORIE : c'est depuis les pavillons 22 et 23 qu'on a les meilleures vues sur le détroit de Pentland Firth.

GUARDSWELL FARM

Kinnaird, Perthshire

Une entreprise familiale peut conduire à deux carrières tout à fait différentes : ce peut être soit un fardeau, celui d'hériter un boulot qui ne nous motive pas, soit l'occasion de gagner sa vie grâce à une expérience multigénérationnelle et de travailler avec les gens que l'on aime. La famille de la Guardswell Farm se trouve dans le deuxième cas de figure.

Les Lamotte, le père, la mère, les tantes et la fille, Anna, endossent les divers rôles nécessaires pour faire tourner ce gîte rural haut de gamme, incluant un *bothy*, une cabane, un corps de ferme reconverti et une ferme en activité. Même Mole, l'épagneul springer, fait partie intégrante de l'équipe : il approche les invités et frétille de la queue à une telle rapidité qu'il menace de s'envoler dans les airs.

Les Lamotte sont installés dans la région depuis plusieurs générations. En 2014, avec les architectes Rosemary et Ben Scrimgeour du Building Workshop, ils ont lancé un projet ambitieux en passant commande de plans d'un ensemble de constructions qui pourraient accueillir des mariages, apaiser des citadins blasés en quête de repos et offrir aux parents un espace hors des écrans pour se retrouver avec leurs enfants.

Travaillant en étroite collaboration, les Lamotte et les Scrimgeour ont transformé les anciens bâtiments agricoles de Guardswell. Les peaux de mouton de la ferme y jouent le rôle de décoration fonctionnelle, aux côtés de chandeliers en cuivre, de meubles en bois très simples et de livres sur l'art, la nature et l'art de vivre. Les invités peuvent se servir en légumes dans le potager ou cueillir des fleurs dans la prairie.

La star de la Guardswell Farm, c'est l'Infield : un chalet habillé de mélèze noir pour accueillir 4 personnes, qui domine la colline et surplombe les villes de Dundee et de Fife. Devant le pignon vitré, une belle terrasse est bordée d'une barrière en bois et fil de fer, à l'image des anciennes clôtures de la ferme. L'ingrédient clé de cette cabane, c'est le bon goût. Qui aurait songé qu'une paire de bouillottes jaunes accrochées au mur pourrait être une telle affirmation du chic ? Les Lamotte l'ont fait (Dieu merci !).

MONACHYLE MHOR

Balquhidder, Perthshire

Dans le milieu de la restauration où les personnages hauts en couleur sont légion, le qualificatif « non conformiste » surgit trop souvent. Mais il est tout à fait justifié pour Tom Lewis, chef dont le point de vue sur la cuisine et l'hospitalité écossaises est tout à fait singulier.

Quand Lewis et sa femme, Lisa, ont lancé Monachyle Mhor, ancienne ferme reconvertie en hôtel avec des chambres luxueuses, ils ont été rejoints par le frère de Lewis, Dick, et sa femme, Mhairi Taylor, les fondateurs du café Delizique de Glasgow.

L'équipe voulait créer le point de ravitaillement ultime entre le sud et le nord de l'Écosse, un lieu où les voyageurs affamés pourraient faire une pause pour reprendre leur souffle, savourer les produits locaux et passer une nuit au calme.

Ce qu'ils ont créé a dépassé leur vision initiale. Aujourd'hui, ils proposent toute une gamme d'espaces ; le plus coorie se trouve dans la ferme rose où les Lewis ont grandi dans les années 1980.

Les chambres proposent des échelles en bois de récupération pour suspendre les vêtements, des têtes de lit en bois et un mélange de mobilier ancien et contemporain.

Monachyle Mhor, la ferme d'origine, joue le rôle d'une sœur aînée très chic, tandis que la cabane s'affranchit allègrement des conventions. Cette résidence était à l'origine une salle d'attente du terminal des ferries de Port Appin. Quand les Lewis ont su qu'elle finirait à la décharge, ils sont intervenus pour la sauver.

Avec l'aide de deux étudiants en architecture, elle a été transformée en une cabane décontractée, avec des murs en contreplaqué, des grandes fenêtres et des patères un peu partout. Juste à côté, un *bothy* avec un toit en tôle ondulée a été rafraîchi dans un style minimaliste. Les deux bâtiments affichent une espièglerie enfantine, dans l'esprit de celle que Tom Lewis insuffle à son travail. Quand on séjourne ici, on est obligé de prendre la vie avec un peu plus de légèreté.

LE PINAPPLE

Dunmore, Stirlingshire

Si vous vous promenez dans une forêt écossaise, vous tomberez peut-être sur des champignons vénéneux, des marronniers ou des ronciers. Mais un ananas ? Si c'est le cas, c'est parce que vous êtes à Dunmore, près de Falkirk, dans le sud de l'Écosse !

Cette folie[1] extravagante entourée de chalets en pierre est l'une des dix-neuf propriétés en location du Landmark Trust, organisation qui, d'une ruine, a fait un refuge.

Si l'architecte du Pineapple reste inconnu, on connaît parfaitement le nom de son commanditaire. En 1761, le quatrième comte de Dunmore était marié depuis deux ans ; d'aucuns spéculent que la folie a été construite à son intention en guise de cadeau de mariage tardif, ou pour commémorer la nature fertile du potager du domaine de Dunmore.

Ses feuilles en pierre enchantent les invités qui séjournent ici chaque année et les marcheurs qui peuvent l'admirer en passant. À l'intérieur, toute la fantasmagorie disparaît en un clin d'œil : le fruit octogonal abrite un délicieux pavillon d'été au décor épuré, avec cet indispensable élément coorie : un grand poêle à bois.

Il y a une bibliothèque remplie de livres portant sur les sujets pour lesquels le bâtiment est connu, tels que l'histoire de la folie ou les oiseaux qui font leur nid dans la forêt voisine. Mais c'est le caractère unique du Pineapple qui constitue son véritable attrait. C'est une structure purement ornementale, jubilatoire dans son exubérance.

L'ASTUCE COORIE : emportez des chaussons confortables pour rejoindre le bâtiment principal par l'escalier extérieur en pierre.

1. Une folie est une résidence dont l'architecture est extravagante et s'inspire d'un objet.

CHAPITRE 15

LE COORIE SANS SE RUINER

Si ce qu'il y a de meilleur dans la vie est gratuit, alors ce qui vient juste après ne doit coûter que quelques piécettes.

La première fois que j'ai été interviewée à la télé sur le coorie, on m'a demandé d'expliquer l'attrait universel de ce concept et si l'on pouvait interpréter le coorie comme une activité réservée aux classes moyennes ; autrement dit, un mode de vie excluant toute personne n'ayant pas suffisamment de temps ni d'argent à lui consacrer.

C'étaient les débuts du coorie auprès du grand public et beaucoup de gens se demandaient de quoi il s'agissait. Discuter avec des créateurs m'avait montré que faire le choix du coorie n'implique pas forcément d'avoir beaucoup d'argent, mais était-ce généralisable ?

Avec ces éléments en tête, j'ai commencé à penser aux activités coories qui coûtent peu, voire pas d'argent. Parce que le coorie se développe dans la quête de moyens pour tirer le meilleur parti du monde qui nous entoure, il n'y a rien de plus facile que de créer du coorie à partir de trois fois rien. Ce que de nombreuses activités coories offrent en bonus, c'est qu'elles obligent à ralentir et à se poser des questions sur où l'on va et d'où l'on vient. Elles encouragent aussi la collaboration, en prenant le temps de faire des gâteaux avec nos neveux et nièces, de promener son chien, de ramasser des coquillages sur la plage ou de discuter avec des personnes âgées sur l'histoire de notre pays.

Les façons d'incarner le coorie dans nos journées de travail, de congés, nos soirées en ville et nos nuits en pleine nature ne manquent pas. Les idées qui suivent devraient vous mettre sur la voie du coorie et vous aider à inventer un projet coorie personnel.

CRÉEZ UN HERBIER

Passer la flore au peigne fin en quête de fougères rares ou de têtes d'aches des montagnes éparpillées sur l'herbe en constellations, c'est l'assurance de se vider la tête. Rapportez vos découvertes à la maison et pressez-les entre les pages d'un livre (de préférence entre deux feuilles de papier à dessin, pour absorber l'humidité). Patientez un mois et vous voilà prêt à placer votre herbier dans un cadre ou en coller des éléments sur vos cartes d'anniversaire. Vous pouvez aussi suivre les saisons dans un *scrapbook* (album de collages) de fleurs pressées. Commencez au mois de janvier et voyez ce que vous découvrez tout le long de l'année.

ORGANISEZ UN DÎNER À LA FORTUNE DU POT

Désignez celui de vos amis qui a la maison la plus coorie — et promettez-lui de l'aider à préparer et à ranger — puis organisez une soirée. Tous les invités doivent apporter un plat. Vous pouvez donner un thème à la soirée selon la saison, autour d'un ingrédient ou d'un souvenir précis. Vous pouvez essayer un banquet autour de la cuisine provenant de la région (ou du pays d'origine) de chacun des convives. Ce qui fait la beauté d'un dîner à la fortune du pot, c'est que, en dehors de la vaisselle et des couverts, il y a peu de choses à laver ou à ranger pour celui qui accueille, une fois que les invités sont repartis avec leurs récipients. Lors du dîner le plus coorie, on devrait voir des enfants découvrir de nouvelles saveurs, les grands-parents régaler la table avec des histoires et le plus fin cuisinier de la famille se la jouer avec sa dernière acquisition matérielle.

ALLEZ NAGER

La sensation que procure la natation est incroyable. Au fil du temps, je me suis retrouvée à nager dans des clubs privés, à la piscine municipale ou dans des lochs, selon l'argent dont je disposais. Nager rafraîchit les idées et peut nous faire perdre toute notion du temps. On peut facilement passer une partie de son après-midi dans l'eau.

Si j'aime les vitres embuées de la piscine d'Arlington Baths, à Glasgow, et le charme du centre nautique Leith's Victorian, sur Junction Place, c'est encore la baignade en mer que je préfère. Pour moi, la natation en extérieur se distingue de toute autre sorte d'activité physique. Cela vous relie à la nature et vous vous sentez pur — c'est quasiment une renaissance. C'est aussi le parfait antidote au temps passé devant les écrans. Lorsque je prends un cours de fitness ou que je fais du jogging, je lutte pour ne pas consulter mon téléphone. Au moins, quand je nage, il reste au sec sur la terre ferme.

Ma cousine et moi avons passé une semaine dans les Hébrides extérieures et avons nagé dans l'Atlantique, sur la côte de l'île de North Uist. On était à la mi-janvier, et même si on bénéficiait de températures avoisinant les dix degrés, l'énergie brute de la mer nous a violemment renvoyées sur le rivage. Notre nage et, après coup, la divine sensation de dégeler dans la voiture en dévorant des biscuits ont compté parmi les meilleurs moments de notre séjour. Les Écossais ont même une expression pour la collation post-natation : une *shivery piece* ou *shivery bite* (« collation pour les moments où l'on frissonne »), la meilleure étant à mon sens un sandwich à la confiture.

Sur Internet, je suis tombée sur un souvenir de Margaret Cooper, une ancienne habitante d'Édimbourg, sur la *shivery piece* qu'elle avait mangée après « avoir failli se noyer » aux Warrender Park Baths, dans les années 1940. « J'ai réussi à sortir, en pleurant, dit-elle. Je suis allée dans ma cabine, j'ai mangé ma *shivery piece*, et dix minutes plus tard j'étais de nouveau en piste. »

COUREZ AUX JOURNÉES PORTES OUVERTES

Les journées portes ouvertes visent à satisfaire les esprits curieux. Chaque week-end de septembre, plus d'un millier de bâtiments partout en Écosse généralement inaccessibles au public ouvrent grand leurs portes. Les structures vont du musée du téléphone hébergé dans une ancienne boulangerie, dans le comté d'Ayrshire, à la caserne de pompiers Art déco d'Aberdeen, où les enfants (et les plus grands) peuvent découvrir le parc de véhicules.

L'organisation Scotland's Gardens ouvre aussi les portes des plus beaux jardins privés du pays — depuis les arrière-cours aux grandes maisons de campagne — à certaines dates.

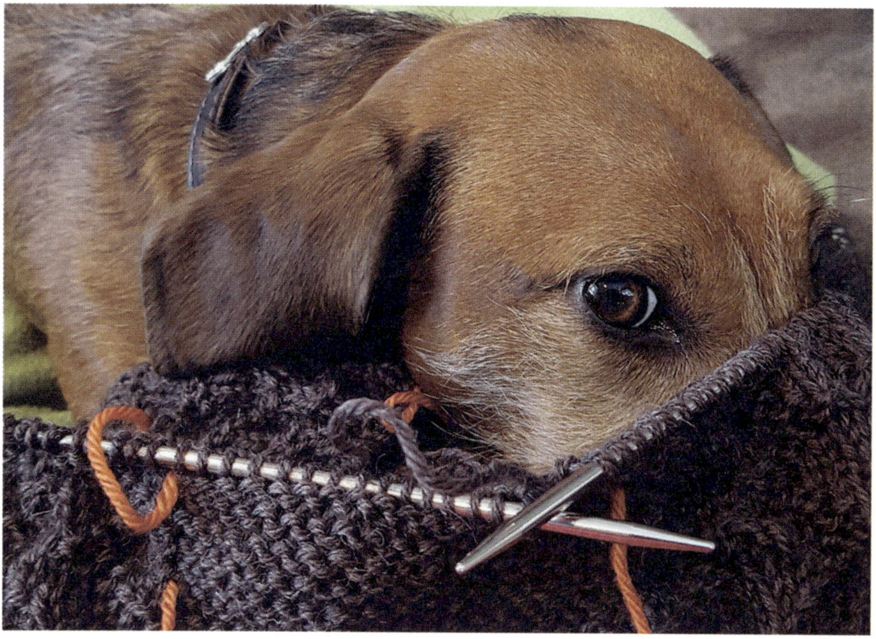

APPRENEZ À TRICOTER

Allez vous acheter de la laine, des aiguilles et des modèles vintage. L'objectif est une écharpe du genre de celle qu'arbore Molly Weasley dans *Harry Potter*, histoire de vous détendre sur votre ouvrage, plutôt qu'une robe en laine trop compliquée sur laquelle vous verserez des larmes de frustration.

PRENEZ SOIN D'UNE PLANTE D'INTÉRIEUR

Comme tout le reste du Royaume-Uni, l'Écosse connaît une véritable épidémie de plantes d'intérieur. Les monsteras menacent d'envahir les salles de bains, tandis que les pileas se répandent sur les cheminées et rebords de fenêtre dans tous ces appartements qu'on crève d'envie d'avoir sur Instagram. S'occuper de nos amis les plantes, c'est un peu comme s'occuper d'un animal. On a besoin de passer un moment avec elles pour découvrir leurs particularités avant d'être tout à fait à l'aise.

FAITES UNE « GROTTE DE JARDIN » COORIE

Budget : 55 euros

C'est lors d'une visite au Secret Herb Garden, un site de trois hectares à la sortie d'Édimbourg, au pied des Pentland Hills, que j'ai eu l'idée d'une grotte de jardin coorie.

J'y ai vu une grotte incroyable faite avec des branchages au-dessus d'une structure. Cela m'a fait réfléchir à la mise en œuvre d'un arrangement permanent. Le projet que je vous propose part du principe que vous disposez déjà d'un cabanon ou d'un pavillon de jardin. Mais vous pouvez aussi commencer sans rien et planter des bambous en demi-cercle, puis les faire pousser en hauteur grâce à des tuteurs — et apprécier de les voir pousser. À l'intérieur, vous pouvez rendre l'espace aussi coorie que vous le souhaitez avec un éclairage doux, des coussins, un bac et une table. Et vous créer un foyer à l'extérieur.

Matériel

- des plantes grimpantes vigoureuses (pois de senteur, chèvrefeuille, vigne vierge, lierre) ;
- 30 m de fil d'acier de 2 mm avec revêtement en PVC ;
- des pitons de 75 mm.

Réalisation

1. Découpez une série de bouts de fils d'acier que vous tendrez à l'horizontale et à la verticale sur toute la hauteur et toute la longueur des murs de votre abri. Placez le premier fil à 30 cm au-dessus du sol, le deuxième à 45 cm du premier, et ainsi de suite. Les fils sont tendus à 5 cm de distance du mur.
2. Plantez vos grimpantes (avec leur tuteur) à 3 ou 4,5 cm de distance de l'abri pour qu'elles puissent prendre la pluie et que les racines aient suffisamment de place pour se développer.
3. Ôtez les fils qui fixent les plantes grimpantes à leur tuteur et attachez délicatement les tiges à votre cadre en fil d'acier, puis élaguez les pousses qui dépassent. À mesure que la plante se développe, attachez les nouvelles pousses pour que la plante soit bien en place contre la structure en fil d'acier.

PRÉPAREZ UN EXFOLIANT POUR LE VISAGE AUX FLOCONS D'AVOINE

Budget : 10 centimes

Il y a quelques années, une collègue m'a parlé d'une de ses amies, journaliste beauté qui fuyait les exfoliants hors de prix pour le visage au profit d'une version maison contenant des flocons d'avoine. Je n'en croyais pas mes oreilles ! L'un des ingrédients les plus basiques qui soient, le flocon d'avoine, est désormais adopté par les experts pour leurs cosmétiques. Il n'y a pas plus simple que ce mélange exfoliant et vous disposez *a priori* de ses deux ingrédients dans votre placard. Votre peau vous remerciera — et votre portefeuille aussi.

Ingrédients

- 2 cuillerées à soupe de flocons d'avoine écrasés ;
- 1 cuillerée à soupe de miel.

Préparation

1. Dans un petit bol, mélangez les flocons d'avoine avec le miel. Les gros flocons peuvent être broyés au moulin à café ou au mixeur.
2. Ajoutez une cuillerée à soupe d'eau tiède et mélangez pour faire une pâte.
3. Appliquez l'exfoliant sur le visage du bout des doigts et massez pendant 1 minute, puis laissez reposer 5 minutes.
4. Rincez avec un coton démaquillant et de l'eau tiède.

CUISINEZ UN GÂTEAU COORIE

Budget : 3,5 euros

La pâtisserie a toujours été un mystère à mes yeux. C'est génial de cuisiner du salé parce qu'on peut improviser — en général, le plat n'en est que meilleur —, mais les gâteaux relèvent d'une science exacte et exigent beaucoup plus de temps, de précision et de concentration. C'était du moins ma théorie jusqu'à ce que j'essaie cette recette de Flora Shedden, écrite spécialement pour *Le Livre du coorie*. Flora a été l'une des stars de l'émission télévisée « The Great British Bake Off[1] » et a depuis ouvert la boulangerie-pâtisserie coorie Aran Bakery dans sa ville natale de Dunkeld, dans la région du Perthshire. Là, elle réunit certains ingrédients de base pour en tirer l'un des gâteaux les plus coories que j'aie jamais préparés — en plus, il est inratable.

1. Dans cette émission très populaire outre-Manche, des pâtissiers amateurs s'affrontent face à des jurés qui éliminent l'un des candidats à chaque round.

Ingrédients

Pour les fruits à l'Earl Grey

- 300 ml d'eau ;
- 150 g de raisins secs ;
- 2 sachets de thé Earl Grey.

Pour le gâteau

- 225 g de beurre doux en pommade ;
- 225 g de cassonade ;
- 225 g de farine avec levure incorporée ;
- 4 œufs de gros calibre ;
- 2 cuillerées à soupe de miel ;
- 1 cuillerée à café de mélange d'épices ;
- le zeste d'un citron ;
- 75 g d'amandes effilées.

Pour le glaçage

- 200 g de sucre glace ;
- 100 g de beurre ;
- 2 cuillerées à soupe de miel ;
- des amandes effilées.

Préparation

1. Préchauffez le four à 180°. Graissez et farinez un plat à gâteau à fond amovible de 20 cm de diamètre.
2. Commencez par les fruits à l'Earl Grey. Dans une casserole, mélangez l'eau, les fruits et les sachets de thé. Portez à ébullition et laissez chauffer à feu doux jusqu'à ce que l'eau ait réduit de moitié et que les fruits aient ramolli et soient bien gonflés. Laissez refroidir complètement.
3. Dans le bol, mélangez le beurre, le sucre, la farine, les œufs, le miel et les épices jusqu'à obtenir une préparation légère. Selon moi, le fouet est l'accessoire le plus approprié.
4. Incorporez le citron et les amandes. Égouttez les fruits pochés dans l'Earl Grey. Incorporez les fruits dans la pâte.
5. Versez la pâte dans le moule préparé et faites cuire 50 minutes au feu. Sortez le gâteau du four et laissez-le refroidir.
6. Poêlez quelques poignées d'amandes effilées. Remuez régulièrement pour éviter qu'elles brûlent. Retirez-les du feu dès qu'elles sont dorées et sentent la noisette.
7. Pour le glaçage, fouettez le beurre, le sucre glace et le miel jusqu'à ce que le mélange blanchisse et prenne une consistance très légère. Étalez sur le gâteau refroidi, puis recouvrez d'amandes poêlées.
8. Servez avec une tasse d'Earl Grey fumante.

PRÉPAREZ DU GIN MAISON

Budget : 17 euros

L'Écosse représente 40 % des exportations de gin du Royaume-Uni — pas mal, pour une liqueur associée exclusivement à la ville de Londres jusqu'à la fin des années 2000 ! L'une des raisons qui se cachent derrière cette explosion du gin écossais est la facilité avec laquelle il se fait. Contrairement à son cousin malté, le gin n'a besoin que de six semaines de macération avant d'être prêt à être consommer. Cela le rend très attirant aux yeux des producteurs de gin.
Faire du gin chez soi est également facile et rapide. Et vous pouvez y ajouter tout ce que vous avez envie de goûter. Songez à des aiguilles de pin pour une saveur boisée, du piment pour un petit coup de fouet, de la lavande pour des notes florales, etc. Quand votre gin est prêt, invitez vos amis à une *master class* de cocktails coories pour faire connaître votre nouveau talent.

Ingrédients

- 75 cl de vodka ;
- 2 cuillerées à soupe (minimum) de baies de genévrier ;
- 1 cuillerée à café de graines de coriandre ;
- 1 pincée de racines d'angélique séchées ;
- 2 gousses de cardamome ;
- 2 grains de poivre, rose ou noir ;
- 1 zeste d'agrume : du pamplemousse, du citron, de l'orange ou du citron vert.

Préparation

1. Mettez les baies de genévrier, la coriandre, l'angélique, la cardamome et le poivre dans une bouteille en verre munie d'un bouchon.
2. Ajoutez la vodka. Laissez mariner au frais au moins 24 heures.
3. Ajoutez le zeste d'agrume et n'importe quel ingrédient végétal qui vous fait envie. Laissez 24 heures de plus – secouez doucement la bouteille une fois.
4. Goûtez l'infusion. Si les arômes ne sont pas assez développés, laissez mariner 12 heures de plus. Mais ne prolongez pas trop longtemps cette étape, car c'est une boisson délicate que vous recherchez, n'est-ce pas ?
5. Ôtez les résidus en filtrant le liquide à travers une étamine. Égouttez de nouveau après que le gin a reposé 48 heures de plus. Mettez en bouteille, étiquetez… et servez.

THYME
STAR ANISE
FENNEL
CASSIA BARK

EXTRAYEZ L'ESSENCE DES AIGUILLES DE PIN

Budget : gratuit

On peut parfumer ses plats et cocktails d'aiguilles de pin d'Écosse pour leur donner un goût boisé. Le plus simple est de faire sécher les aiguilles et de les mixer pour en saupoudrer les desserts en guise de décoration. C'est tout aussi simple de les faire infuser dans de l'alcool. La méthode suivante utilise des aiguilles fraîches de Grand Sapin ou de Douglas récoltées en forêt.

Réalisation

1. Rassemblez trois sacs d'aiguilles de pin – plus elles sont fraîches et vertes, mieux c'est. Détachez les aiguilles des branches et lavez-les à fond à l'eau chaude. Séchez-les dans de l'essuie-tout.
2. Placez les aiguilles dans un mortier et broyez-les au pilon.
3. Mélangez les aiguilles broyées avec du sel ou du sucre et laissez infuser deux semaines avant de vous en servir de base pour aromatiser vos préparations. Sinon, vous pouvez ajouter les aiguilles à un alcool neutre et les laisser infuser au moins un mois.

FUMEZ LES ALIMENTS

Budget : 6 euros

Le fumage fait partie des méthodes de cuisson les plus anciennes du monde. Acquérir un fumoir onéreux n'est pas franchement nécessaire, puisqu'il est facile d'en fabriquer soi-même un modèle rudimentaire. Le fumage des aliments se fait de deux façons : à chaud ou à froid. La première méthode va cuire les aliments humides (viande, poisson et légumes) à la chaleur de la fumée, tandis que la seconde va leur infuser une fumée froide (fromage, l'ail, sel, noix ou beurre) pour leur donner du goût. Un fumoir à chaud se prêtera bien au camping coorie et autres escapades en extérieur, quand le matériel lourd et cher n'est pas pratique.

Matériel

- 1 grande boîte en métal avec couvercle — celle qui contenait des chocolats de Noël sera parfaite ;
- 1 grille en métal, comme celle des barbecues jetables ;
- des copeaux de bois (le hêtre, le chêne et le pommier fument bien) ;
- du papier d'aluminium.

Préparation

1. Préparez votre poisson ou votre morceau de volaille en le recouvrant légèrement de sel et laissez reposer au moins 1 heure. Rincez pour enlever le sel et épongez.
2. Placez deux ou trois poignées de copeaux ou de sciure de bois au fond de la boîte en métal et posez une couche de papier d'aluminium dessus. Cela empêchera le jus des aliments de couler sur les copeaux de bois.
3. Percez deux ou trois trous dans le couvercle de la boîte avec un tournevis. Posez une grille à mi-hauteur dans la boîte. Posez votre poulet sur la grille (placez le poisson avec la peau sur le bas).
4. Posez le couvercle sur la boîte. Attachez-les fermement et posez-le tout sur de la braise (ou sur un réchaud à gaz à feu vif). Quand vous commencez à voir de la fumée sortir, baissez un peu le feu et laissez la magie opérer.
5. Pour un pavé de saumon (200 g), comptez 10 à 15 minutes de fumage, contre environ 30 minutes pour un blanc de poulet (environ 130 g). Avec une sonde, vérifiez la température à cœur (75 °C pendant 30 secondes). Si vous fumez des légumes, piquez-les au bout de 5 minutes pour vérifier s'ils sont cuits.

SPORTING
PERSONAL

CHAPITRE 16

LE COORIE FESTIF

Pendant plusieurs siècles, les fêtes de Noël se sont faites très discrètes en Écosse. Durant la Réforme[1]*, Oliver Cromwell interdisait les offices en raison de ses racines catholiques. Cette interdiction n'a été respectée qu'une quinzaine d'années en Angleterre, mais l'Église presbytérienne d'Écosse a continué de décourager les célébrations jusqu'au début du XIII*e *siècle.*

De nos jours, plus rien ne peut stopper les festivités. Noël en Écosse n'est pas très différent de ce qui se pratique ailleurs dans le monde, mais comme les Écossais intègrent le paysage dans leurs célébrations, ils les rendent coories. C'est une bonne excuse pour quitter son canapé et aller dans le jardin ou dans un parc récupérer du feuillage afin de décorer sa maison.

Tout le plaisir réside dans l'art de profiter des festivités de Noël pour initier de nouvelles traditions. Quoi de plus coorie que de tendre des cadeaux ornés de branches de sapin, d'offrir à ses voisins des couronnes qu'on a préparé soi-même ou de décorer le sapin de Noël avec ses enfants ?

1. Au XVIe siècle, la Réforme protestante entend revenir aux sources du christianisme. Elle provoquera une scission au sein de l'Église et aura de sérieuses répercussions politiques, notamment en Écosse dont le souverain était peu apprécié de sa population.

CRÉEZ UNE GUIRLANDE DE NOËL COORIE

Laura Thomas, de la société Laura Thomas Linens

Sur une couronne de Noël, le feuillage vert symbolise la continuité de la vie et de la nature, même au plus profond de l'hiver écossais. L'étape de préparation consiste à réunir les ressources nécessaires pour créer votre couronne. Pour qu'elle reste aussi fraîche que possible, vous devrez vous procurer votre verdure un ou deux jours avant la préparation.

Matériel

- du feuillage (un demi-seau de houx et un demi-seau de branches de sapin) ;
- 1 sécateur ;
- 1 rouleau de fil métallique vert, de calibre 26/28 ;
- des pommes de pin ;
- des bâtons de cannelle ;
- des oranges séchées ;
- du ruban ;
- un anneau de mousse florale d'un diamètre de 16 cm (ou 12/14 cm).

Préparation

1. Laissez sécher les pommes de pin pendant au moins 5 jours sur du papier journal, près d'une source de chaleur. Une fois qu'elles sont sèches, coupez 15 cm de fil métallique. Enroulez le fil à l'intérieur des pommes de pin, au niveau de la base et tordez les deux bouts ensemble. Cela servira à fixer les pommes de pin sur la mousse.
2. Pour faire sécher les oranges, découpez-les en tranches de 3 cm d'épaisseur que vous étalez sur une plaque de four avant de les laisser 3 heures dans le four à 100 °C (retournez-les toutes les 30 minutes). Coupez 15 cm de fil métallique et passez-le à travers une tranche d'orange avant de réunir les deux extrémités en les tordant ensemble.
3. Faites des petits fagots de deux ou trois bâtons de cannelle. Coupez 15 cm de fil métallique et enroulez-le autour des bâtons avant de réunir les deux extrémités du fil en les tordant ensemble.
4. Allez récolter des feuillages dans les bois avoisinants ou dans votre jardin. Les baies rouges sont magnifiques sur une couronne et vont lui donner de la couleur. Il vaut mieux cueillir le houx fin novembre, avant que les oiseaux mangent les baies.

Réalisation

1. Humidifiez la mousse avant de réaliser votre couronne.
2. Fixez le fil métallique autour la mousse. Donc, tirez une longueur de fil de 10 cm que vous entourez autour de l'anneau de mousse en faisant cinq tours (mais ne coupez surtout pas le fil avant d'avoir terminé votre couronne), puis rentrez l'extrémité du fil dans la mousse pour qu'on ne la voie plus.

3. Dans la paume d'une main, étalez quelques fragments de sapin et posez du houx par-dessus. Placez le tout sur la mousse et fixez-le en enroulant deux ou trois fois le fil autour du feuillage.
4. Répétez cette étape en variant le sens du feuillage pour créer un effet naturel, jusqu'à avoir recouvert tout l'anneau.
5. Enroulez le fil cinq fois autour de l'anneau, puis coupez-le en laissant une longueur de 10 cm que vous enfoncez dans la mousse.
6. Ajoutez le ruban sur la couronne en vous assurant d'en avoir une longueur suffisante pour pouvoir la suspendre. Tournez votre couronne jusqu'à trouver l'endroit idéal pour placer le ruban.
7. Ajoutez maintenant vos décorations : pommes de pin, cannelle et tranches d'oranges, en piquant le fil dont vous les avez garnies dans la mousse. Vous pouvez former un motif ou les répartir de façon irrégulière, à votre convenance.
8. Parmi les options décoratives, vous pouvez couper des branchettes de saule ou d'arbustes à l'écorce colorée (comme les cornouillers) et les piquer en biais dans la mousse tout autour de l'extérieur de la couronne. Cela rendra la couronne plus grande, donc plus impressionnante. Ou ajoutez des herbes ou des feuillages aromatiques (romarin, eucalyptus, etc.) que vous piquez directement dans la mousse ou que vous fixez discrètement avec du fil métallique.
9. Accrochez votre couronne sur votre porte d'entrée pour que l'esprit de Noël s'invite à l'intérieur. Humidifiez la mousse tous les deux ou trois jours pour que le feuillage tienne bien au-delà du Nouvel An.

DIX ASTUCES POUR FAIRE DES PAQUETS COORIE

Jane Adams pour les décorateurs Author Interiors

1. Réutilisez de vieux journaux, surtout pour ceux qui aiment les livres. Pour les amis qui vont préférer une touche plus contemporaine, préférez les chutes de papier peint, qui permettent de faire des papiers cadeaux inhabituels.
2. Faites dans l'originalité avec des étiquettes personnalisées : une feuille de houx avec le nom du destinataire écrit au feutre métallisé. Vous pouvez aussi utiliser de la peinture à tableau noir sur du carton puis écrire le nom à la craie par-dessus.
3. Intégrez le paysage à vos décorations et paquets de Noël. Des petits bouquets de houx, des baies de lierre et des pommes de pin seront du plus joli effet sur vos cadeaux. Des tranches de fruits séchés (pamplemousses ou oranges) fixées par un joli ruban seront magnifiques.

4. Faites de la marmelade maison. C'est une tradition de Noël qui vient faire un clin d'œil à la région de Dundee. S'il vous reste des oranges d'une de vos préparations culinaires, coupez-les en tranches et faites-les sécher au four. Pour un aspect plus contemporain, vous pouvez faire de même avec des figues. Utilisez-les en décorations intérieures.

5. Faites blanchir des pommes de pin avec de l'eau de Javel pour une ambiance aux tons doux. C'est très facile : protégez vos mains avec des gants et frottez les pommes de pin avec de l'eau de Javel pure, puis laissez poser quelque temps — plus ou moins longtemps, selon que vous les préférez à peine décolorées ou franchement très claires. Vous pouvez aussi peindre à la bombe des feuilles de houx et des pommes de pin dans des teintes métalliques.

6. Calez vos cadeaux dans leur emballage avec des jolis papiers froissés ou des décorations naturelles (pommes de pin, tranches d'agrumes séchées, etc.).

7. Cela peut être très mignon d'ajouter un biscuit de Noël sur un paquet, mais ce n'est pas idéal si vous faites parvenir ce paquet par la poste. Prenez en compte ce type de détails pour choisir vos décorations.

8. Songez à la texture de votre emballage, à l'impression que vous souhaitez qu'il offre et à l'odeur que vous voulez qu'il dégage.

9. Réservez-vous du temps pour faire vos paquets cadeaux. Le secret, c'est de susciter une réaction émotionnelle. Asseyez-vous sur le sol, devant la cheminée, avec tout votre matériel étalé. Préparez-vous un grog et un biscuit shortbread, et mettez vos chansons de Noël préférées.

10. En novembre, on a plus envie d'hiberner. Profitez-en pour organiser des moments de partage, bien au chaud dans la maison : préparer certains des paquets pour Noël peut être une bonne option pour vivre un joli moment en famille.

LA DÉCO COORIE POUR CEUX QUI N'ONT LE TEMPS DE RIEN

Anja Baak, de la charcuterie Great Glen

« La période qui précède Noël est toujours très chargée, raconte Anja. On passe notre temps à noter des commandes et la production fonctionne à plein régime. Du coup, on a peu de temps pour se détendre.

Ce sont les enfants qui décorent le sapin. On a quelques boîtes qui contiennent beaucoup de décorations, la plupart faites à la main par eux et leurs amis. Elles ont toutes une histoire et on les apprécie d'autant plus qu'on ne les voit qu'une fois par an. En haut du sapin, il y a toujours un ange que j'ai fabriqué il y a de très nombreuses années.

Pour orner la maison, j'utilise principalement de la verdure de notre jardin : de la mousse, du lierre, du houx et d'autres végétaux à feuillage persistant pour créer des décorations qu'on va suspendre au-dessus de la table de la cuisine. La seule verdure que j'achète chaque année auprès notre fleuriste local, c'est de l'eucalyptus. Il apparaît dans toutes les décorations.

La décoration au-dessus de la table de cuisine est devenue une sorte de tradition. J'en fais une chaque année en me servant d'une seule branche du jardin, à laquelle je vais attacher de la verdure. J'ai arrêté d'utiliser du feuillage avec des aiguilles, car elles ont tendance à tomber au bout de quelques jours.

La décoration sur la cheminée est rapidement assemblée. Je place quelques bougeoirs et je dépose un peu de feuillage entre eux. Je m'assure de créer un peu de symétrie pour l'équilibre de la décoration. Je suis toujours à la recherche de bougeoirs en argent. Même si ce n'est pas de l'argent véritable, l'aspect sera le même. J'adore utiliser des bougies en cire naturelle de couleurs vives, qui font écho aux tons des rideaux tout en apportant un joli contraste pour que l'ensemble ne soit pas fade.

Pour l'éclairage, on a de petites guirlandes à piles partout dans la maison pour créer une atmosphère sympa. Je n'achète que des lumières douces. Les guirlandes à piles sont aussi très jolies sur les couronnes à l'extérieur, comme ça on ne voit pas les fils. »

CHAPITRE 17

PERPÉTUER LE COORIE ?

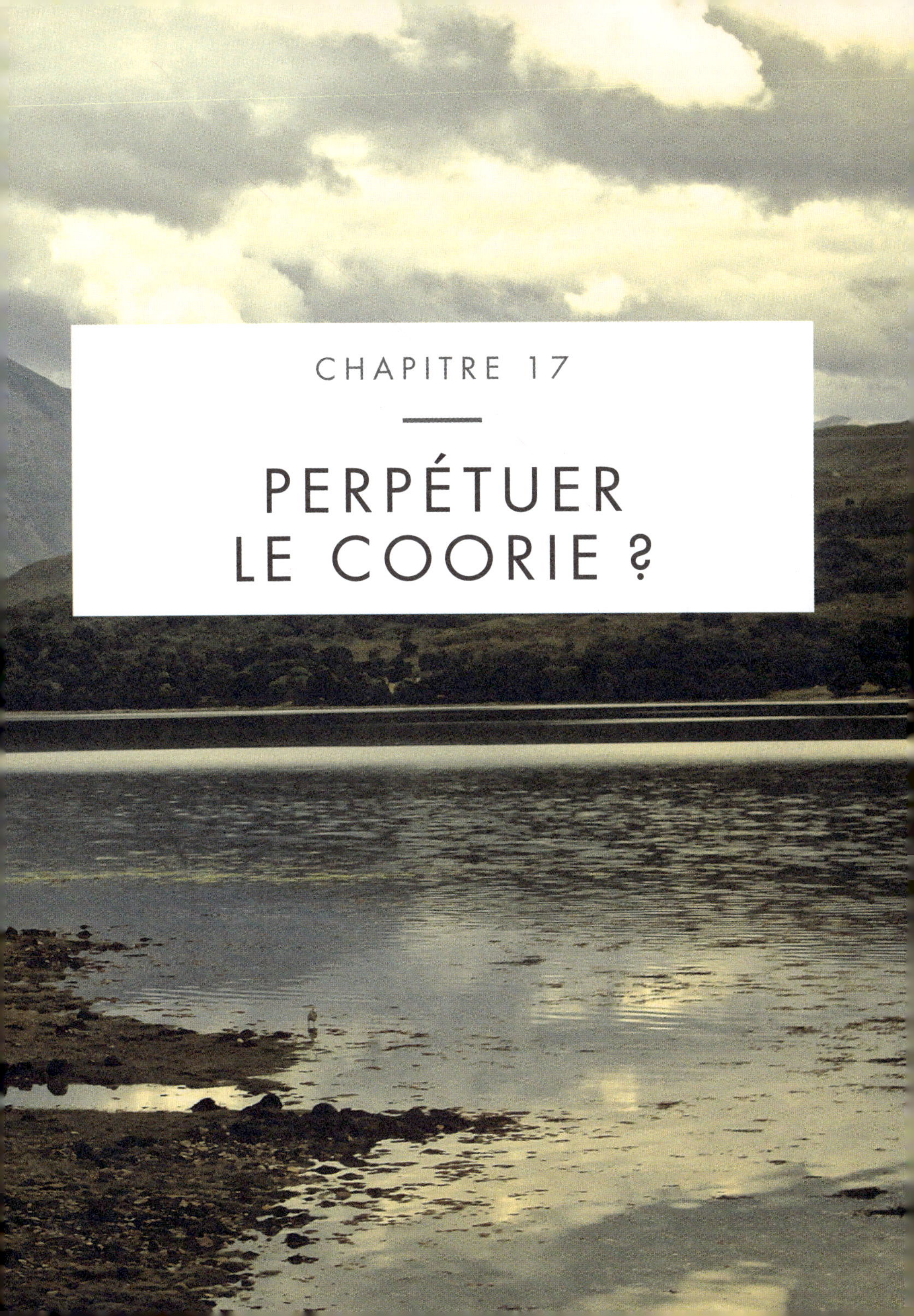

La définition du coorie a peut-être évolué avec le temps, mais l'idée de rester connecté avec sa terre natale perdure. Même si on nous en offrait la possibilité, je crois que nous n'aimerions pas troquer notre vie contre celle de quelqu'un de plus riche ou de plus talentueux — nous avons simplement envie d'améliorer celle dont nous disposons déjà.

Et si on pouvait trouver son bonheur dans quelques idées simples ? Il suffit d'observer les gens qui ont évoqué le coorie avant nous. Ceux qui sont attentifs à leurs relations, qui trouvent des moyens de compenser leur empreinte carbone, qui permettent à leurs histoires passées de nourrir leur mode de vivre actuel. Le coorie n'est pas réservé aux seuls Écossais. J'habite loin de mon vie natal. Je n'ai pas commencé ma vie en Écosse, mais c'est ce pays qui a fait de moi ce que je suis.

LA SITUATION CRITIQUE DES ABEILLES

L'Écosse sait faire ce qu'il faut pour que les nouveaux arrivants se sentent chez eux. Et cette règle ne se limite pas aux seuls humains. En 2014, une colonie d'abeilles s'est installée à Holyrood, le siège du Parlement écossais, à Édimbourg. Plus tôt cette année-là, le bâtiment a accueilli deux ruches. Les abeilles Buckfast — qui tirent leur nom d'une abbaye du Devon où l'on produit un vin tonique très célèbre — ont été choisies pour en être les premières résidentes, grâce à leur tempérament calme et de leur capacité d'acclimatation aux conditions météorologiques écossaises. La situation critique des abeilles est bien documentée : leur habitat naturel diminue, tout comme leur population. Mais dans l'endroit le moins évident qu'il soit — dans notre capitale fouettée par les vents —, les abeilles d'Holyrood ont prospéré. Trois ans plus tard, le Royal Lyceum Theatre a suivi le mouvement, en accueillant 70 000 abeilles sur son toit, dans le cadre de la Green Arts Initiative[1].

Je suis ravie d'accorder 10 000 points coorie aux bars qui servent des cocktails contenant du miel produit par les abeilles citadines d'Écosse. Ils nous montrent que la pensée créative peut être bonne à la fois pour la planète et pour nos papilles !

1. La Green Arts Initiative réunit plus de 170 organisations culturelles — de la galerie d'art indépendante au théâtre proposant de grosses productions —, toutes déterminées à réduire leur impact environnemental.

UN APPEL AUX ARMES

On ne le répétera jamais assez: la communauté fait partie intégrale du coorie. J'ai commencé une partie de mes recherches en ligne, puis j'ai rencontré des gens ou visité des bibliothèques, des églises et des musées. Dans un même ordre d'idées, j'adorerais entendre vos expériences coorie — si cela vaut la peine d'essayer le gâteau coorie ou de séjourner dans l'un des refuges évoqués dans ces pages. Je crève d'envie de voir vos photos et je consulterai régulièrement le #coorie sur Instagram et Twitter. C'est sur Internet que ce livre a commencé, j'espère que vous y trouverez votre prochaine collaboration coorie. Cherchez #theartofcoorie pour en savoir plus.

Vous n'avez pas besoin de parler avec l'accent écossais ou d'avoir des parents écossais pour ressentir une affinité avec le coorie. L'Écosse est riche de promesses. Comment imaginer que les lecteurs de ce livre n'auront pas envie de traverser les frontières pour venir y découvrir ce quelque chose qu'ils ne trouvent pas ailleurs. Sans doute quelques Écossais auront envie eux aussi d'aller découvrir d'autres pays. Cela équilibrera les choses! Ce qui compte, c'est que le coorie puisse nous accompagner dans nos voyages si l'on adopte le bon état d'esprit. Il attend tous ceux qui souhaitent en savoir davantage à son sujet.

REMERCIEMENTS

Je tiens à remercier Walter Micklethwait, qui nous a autorisés à prendre certaines photos sur sa propriété pour *Le Livre du coorie.*

J'adresse un coucou tout particulier à Lizzy Westman pour son toast à la confiture d'abricot qui m'a sauvé la vie.

Je remercie Natasha Radmehr pour son bon goût, et James Glossop, dont les photos sont encore plus belles que dans mes rêves.

Je remercie Helen Bashforth, pour ses recherches sur les textiles coories.

Je remercie Jennie Paterson, la grande prêtresse du réseau, qui m'a mise en relation avec les gens qui pèsent dans le game.

Brenda Anderson chez Tasting Scotland pour ses instructions sur le fumage d'aliments, et Scott Smith chez Norn qui m'a mise sur le droit chemin pour les aiguilles de pin.

Au journal *The Times* qui a bien voulu me laisser travailler à temps partiel le temps que j'écrive ce livre.

Tout le monde chez Black & White qui m'a permis de travailler sur le projet de mes rêves. Et Craig Gallacher, qui a parfaitement compris ce que j'ambitionnais de créer lorsque j'envisageais ce livre.

Tout le monde chez Scotland's Gardens, en particulier Terrill Dobson et Imogen McCaw, qui m'ont trouvé des personnes incroyables ayant la main verte.

Martin Schauss, mon coach de vie, qui fait les meilleurs œufs brouillés du monde.

À tous ceux dont j'ai cité les pensées et souvenirs coories.

À tous les créateurs, designers, artisans, chefs, barmans et jardiniers qui m'ont si généreusement donné de leur temps et de leur savoir. *Le Livre du coorie* n'aurait jamais existé sans vous.

CRÉDITS PHOTO

Alison Soye : p. 132
Allan Pollok Morris : p. 80
Andrew Ridley Photography : p. 77
Angus Bremner : p. 8-9
Anja Baak : p. 241, 249
Ann Fraser/Scotland's Garden Scheme : p. 137, 136
Anna Lamotte/Katie Goldie/Guardswell Farm : p. 209-210, 211
Anne Hefte : p. 226
Araminta Campbell/Ciara Menzies : p. 33, 182-193, 191
Ashton Easter : p. 115, 116
Barry Bryson : p. 66
Birgit Villand : p. 106-107, 108, 236
Blair Young : p. 171
Brailey Sandlin : p. 125
Bute/Gordon Burniston (photo) : p. 16, 159, 160
Cecilia Stamp/Caro Weiss Photography : p. 168-169, 177
Danny Walker : p. 235
David Gifford : p. 58
Edinburgh Food Studio/Angus Behm : p. 144-145, 152
Emma Hargrave : p. 126-127, 139, 228
Eugenia Angelini/bianca_gege (Instagram) : p. 46
Fiona Macdonald : p. 130, 133, 131, 134
Flora Shedden : p. 232
Gabriella Bennett : p. 10, 14, 16, 21, 31, 34, 45, 51, 73, 83, 84, 85, 88, 92, 95, 123, 137, 149, 154, 185, 204, 222, 227, 242
Gavin Rafferty : p. 110
George Brown : p. 62
Gryffe Studio : p. 37, 120
Harry Bennett : p. 45, 224, 253
Hilary Grant : p. 33, 158, 174
Hugo, North Berwick : p 220
Iona Crawford Ltd. : p. 194
Istock : p.65
James Glossop : p. 4-5, 11, 13, 23, 25, 28, 38-39, 41, 48-49, 75, 76, 86-87, 218-219, 135
Jane Adams : p. 98
Karl Dudman : p. 55, 250-251, 254
Kasia Matyjaszek : p. 115
Kestin Hare/Richard Gaston (photo) : p. 173
Lab6/Allan Raffel : p. 188
Laura Haylock : p. 170
Laura Thomas Co. : p. 242, 245
Lesley McDavid/Scotland's Gardens Scheme : p. 141, 142, 143
Mairi Helena (www.mairihelena.co.uk) : p. 18-19
Mati Ventrillon : p.23, 27-28, 166, 181
Melanie Lewis of Monachyle Mhor : p. 213
Mockford & Bonetti : p. 70-71
Natalie J Wood/Emmi Keane/Calum Douglas : p. 192
Natural Retreats/Elly Ball (photo) : p. 42, 205, 207
Niall Hawley/niahaw (Instagram) : p. 55
Nigel Rigden (photo)/Roderick James Architects LLT : p. 200, 202, 203
Object Company/Catherine Johnston : p. 187
Object Company/Greig Jackson : p .187
Old Bridge Inn/Chris White : p. 118-119, 125, 146
Peter Buchanan : p. 198
sabrinaspanke (Instagram) : p. 96
Sarah Louise Cull : p. 108
The Chippendale International School of Furniture : p. 78
The Harris Tweed Authority : p. 4-5, 156-157, 164, 166
The Landmark Trust : p. 214, 216, 217
Thomas Ross : p. 56-57, 68-69
Tonje Hefte : p. 52, 60, 91, 100, 103, 104-105, 112, 146, 160, 162, 173, 184, 230, 231, 232, 235
Trakke Ltd. : p. 178
Vanessa Arbuthnott : p. 128
VSO Henderson/Gabriella Bennett : p. 150
Walker Slater Ltd. : p. 164

CRÉDITS POUR LES PHOTOS D'EXTÉRIEURS

The Three Chimneys, île de Skye : p. 8-9
Bettyhill, les Highlands : p. 10
Inshriach Estate, les Highlands : p. 13
Guardswell Farm, Perthshire : p. 14
John o' Groats : p. 42
Mangersta, île de Lewis : p. 45
Leakey's, Inverness : p. 46
Centre-ville de Glasgow : p. 55
Aberdour, Fife : p. 62
Tolsta Chaolais, île de Lewis : p. 68-69
Arivruaich, île de Lewis : p. 73
Inshriach Estate, les Highlands : p. 75
Sweeney's Bothy, île d'Eigg : p. 80
Horizon d'Édimbourg : p. 86-87
The Shore, Leith : p. 91
Ashton Lane, Glasgow : p. 96
The West Highland Way : p. 106-107
Loch Maree, Wester Ross : p. 108
The West Highland Way : p. 115
Ardnamurchan Point, les Highlands : p. 38-39
Glen Docherty, Wester Ross : p. 110
Loch an Dubh-Lochain : p. 115
Edinburgh Food Studio : p. 144-145
Upper Bow, Édimbourg : p. 162
South Queensferry Steps Mural : p. 170
Earl's Palace, Birsay, les Orcades : p. 174
Lammermuir Hills, les Borders : p. 198
North Berwick : p. 220
Scolpaig Tower, North Uist : p. 224
Mallaig : p. 250-251
Arivruaich, île de Lewis : p. 253
Plages de Valtos, île de Lewis : p. 56-57

CRÉDITS POUR LES PHOTOS D'ACCESSOIRES

Papier peint et coussins en velours - Grey Tailor Thistle : p. 18-19
Verre peint - *donnawilson.com* : p.48

p. 218-219 :
Assiettes à bord blanc, bols bleu et orange, récipient avec de la verdure - *nataliejwood.com*
Assiettes à motifs : *donnawilson.com*

Torchon du milieu sur le four : *Laura Spring @ welcomehome.co.uk*
Mug marbré : *moletamunro.com*
Mug avec un visage : *mariellaverkerk.com*
Serviettes et napperons : *hoosglasgow.co.uk*